POEMAS

COLEÇÃO 50 ANOS

POEMAS

Bocage

Apresentação
José Lino Grünewald

EDITORA
NOVA
FRONTEIRA

Editora Nova Fronteira Participações S.A.
Rua Nova Jerusalém, 345 – Bonsucesso – 21042-235
Rio de Janeiro – RJ – Brasil
Tel.: (21) 3882-8200 – Fax: (21)3882-8212/8313

CIP-Brasil. Catalogação na publicação
Sindicato Nacional dos Editores de Livros, RJ

B641p Bocage, Manuel Maria Barbosa du, 1765-1805
Poemas / Bocage ; organização José Lino Grünewald. - Ed. especial. Rio de Janeiro : Nova Fronteira, 2015.
(50 anos)

ISBN 9788520924976

1. Poesia portuguesa. I. Grünewald, José Lino. II. Título. III. Série.

CDD: 869.1
CDU: 821.134.3-1

Sumário

Introdução

Dizer que Bocage é um dos maiores poetas da língua portuguesa constitui mero pleonasmo. Mas apenas para pessoas que convivem ou conviveram com sua obra. Para o vulgo em geral, a sua imagem decai de classe em classe e resta o Bocage da anedota pornográfica. Alguns sabem dos seus poemas marginais, vamos dizer assim, obscenos; outros, nem sequer isso: eram tão-somente as piadas que até a década de 1950, aqui no Rio de Janeiro, eram contadas nos bares, nas farras ou na repartição, ou então, aos sussurros, em salões onde estivessem "senhôras" presentes. Fama é fama — a difamação do poeta está dependurada no relento há dois séculos. Mas o leitor que, até hoje, inda não tenha se voltado para a obra desse autor, comprovará que os poemas marginais (parte ínfima de sua imensa quantidade de versos) quase nada acrescentam à sua arte. Aliás, ressalte-se também: não foi só Bocage quem se deu às delícias dos temas eróticos ou tidos como obscenos, com as assim denominadas "palavras de baixo calão". Basta voltarmos aos latinos, aos provençais, ou ainda em Portugal, às cantigas de escárnio e mal-dizer.

Aliás, um dos grandes admiradores e defensores de Bocage é o insuspeito Olavo Bilac. Numa conferência pronunciada no Teatro Municipal de São Paulo, em 19 de março de 1917 e, ainda no mesmo ano, editada pela Renascença Portuguesa, da cidade do Porto (em 28 de novembro), frisava que ele era o "melhor metrificador da poesia portuguesa". Adiante, dizia que todos os poetas do seu tempo rimavam coisas fesceninas e sátiras atrozes, e "assim se sujeitavam à moda, lisonjeando o gosto da gente que os rodeava [...]". Defendeu-o Bilac contra as acusações ímpias dos que desconheciam a obra do autonomeado Elmano (que era o pseudônimo poético de Bocage), procurou justificar seus desvios de conduta (afinal, vivia-se no reinado de D. Maria I, onde a dissolução dava a clave) e, finalmente, pelos trechos que agora transcrevemos, poder-se-á verificar a que ponto chegava o respeito de poeta para poeta: "Em Portugal, a arte de fazer versos chegou ao apogeu com Bocage e depois dele decaiu. Da sua geração e das que a precederam, foi ele o máximo cinzelador da métrica. A plástica da língua e do metro; a perícia do ensamblar das orações e no escandir dos versos; a riqueza e graça do vocabulário; o jogo sábio e às vezes inesperado das vogais e das consoantes dentro da harmonia da frase; a variação maravilhosa da cadência; a sobriedade das figuras; a precisão e o colorido dos epítetos; todos estes difíceis e complicados segredos da arte poética, cuja beleza e raridade às vezes escapam até aos mais cultos amadores da poesia e aos mais argutos críticos literários, e que somente os iniciados podem ver, compreender e avaliar; esta consciência, este gosto, esta medida, este dom de adivinhação e de tato, de que os artistas natos têm o privilégio — tudo isto coube a Elmano, tudo isto se entreteceu no seu talento." "Depois dele, Portugal teve talvez poetas mais fortes, de surto mais alto, de mais fecunda imaginação. Mas nenhum o excedeu, nem o igualou no brilho da expressão."

Nisso tudo, apesar das observações de Bilac no tocante aos requintes e refinamentos, a obra de Bocage não permanecia adstrita ao elitismo. Alexandre Herculano chegou a notar que a poesia dele vinha dos salões para a cidade. Foi um escritor de seu tempo, e a difamação que, com o decorrer dos decênios, acabou chegando ao vulgo, com a imagem inteiramente distorcida — como já se descreveu acima — corresponde ao que poderíamos denominar de fenomenologia do irreal, onde protótipos, estereótipos e a tal "imagem" convencional derrubam o teor concreto, verídico, em torno de pessoas e acontecimentos. Para exemplificar tal fenômeno negativo, veja-se, também em termos de anedota — a corporificar a visão do vulgo —, o que ocorreu com dois grandes homens públicos deste país: os senhores Gustavo

Capanema e João Alberto. Choviam, na década de 1940, anedotas sobre ambos: o primeiro como um homem néscio, e o segundo como corrupto. Era o dado de barato. E, no entanto, Gustavo Capanema foi, na verdade, uma das figuras mais inteligentes e cultas de sua geração, e, em paralelo, João Alberto, um revolucionário, um homem que morreu pobre, com um "papagaio" parado no Banco.

Voltando ao circuito de debates e considerações consistentes com relação ao produzir literário bocagiano, vale ressaltar que Antonio José Saraiva e Oscar Lopes, em sua *História da literatura portuguesa* (Porto Editora Ltda.), não apresentam o mesmo entusiasmo de Olavo Bilac (o qual, aliás, é citado nessa mencionada obra). Chamam, de início, a atenção para o fato de que Bocage "parece concretizar a fase final e insanável do conflito entre o arcadismo e o romantismo, entre a dependência relativamente às instituições feudais e a dependência relativamente ao público editorial, entre o enquadramento absolutista-senhorial e o enquadramento burguês do escritor". Consideram que a arte versificatória dele oferece um encanto monótono e fácil e "a sua orquestração verbal das grandes expressões tumultuosas soa muitas vezes falso".

Para Saraiva e Lopes, o mais importante em sua poética consiste em trazer, pela primeira vez, a matéria psicológica ao gênero, ou seja, "o sentimento agudo da personalidade que o faz retratar-se, gritar o seu remorso e o horror do aniquilamento na morte". Para eles, a ideia da morte transformou Bocage num egotista, e daí sua "revolta contra a humilhação da dependência e contra o despotismo, em nome da Razão; no gosto do fúnebre e do noturno e nos clamores não menos retóricos de ciúme, de blasfêmia ou contrição". Em suma, reconhecendo o aspecto meritório, Saraiva e Lopes não deixam de lado observações contundentes. Falam nos epítetos inúteis, citam José Agostinho que denunciou as perífrases arrastadas ou a antítese amplificante a um vocabulário pretensamente estarrecedor. Lembravam também que os poemas eram "concebidos e muitas vezes improvisados para inflamar oratoriamente um público de vagos iconoclastas».

Bocage sofreu de quase tudo na vida, apesar dos interregnos de diversão e dissolução, e sempre, no mais ou no menos, a criação constante, um escrever ininterrupto. Doença, prisão, expatriação, deserção, injúria, e nem faltou ter ficado às voltas com a Inquisição, o

Santo Ofício. Com respeito a este último, existe um opúsculo de 1896 onde se lê na capa: *Poesias inéditas de Bocage;* logo abaixo, "Censura das mesmas"; mais abaixo, "Defesa pelo autor". Trata-se de uma edição realizada em Lisboa, pelo livreiro editor Henrique Zeferino.

Nessa publicação, figuram um soneto, um poema intitulado "A água estagnada" e trecho de uma epístola a Joaquim Rodrigues Chaves. O secretário do Conselho Geral do Santo Ofício, Julião Cataldi, formulou violentos reparos. Quanto ao soneto, notava que "Além do fogo lascivo e das imagens indecentes que animam estes versos, o último terceto tem, ou pelo menos é suscetível de sentido ímpio, porque nele o poeta pretende justificar a mesma paixão impura, a qual no quarteto antecedente havia chamado — Ígneo desejo audaz que... mancha o puro candor — e a pretende desculpar e justificar, a despeito do grito da *lei* e do *rito:* isto é da natureza e da religião, que a crimina e condena." Vamos transcrever o temível terceto que abalou o Santo Ofício:

Devo abafar-te, amor, paixão sublime?
Ah! S'amar, como eu amo, é um delito
Lilia formosa aformoseia o crime.

Continuando, o sr. Julião Cataldi considerou as ideias e sentimentos que inspiram os versos abaixo transcritos como "indecentes e desonestos":

A ninfa...
Suspirando conduz à praia amena,
Onde lhe dá dulcíssimos instantes
D'almos prazeres inefável cena,
Sempre te gozem corações amantes.

Trecho da resposta de Bocage ao inquisidor, depois de haver invocado Camões (Ilha dos Amores) e Tasso (Ilha de Armida): "Tais imagens brotaram sempre de uma fantasia delicada e engenhosa, sem que talvez indicassem coração corrupto. A nudez das graças e a do vício diferem muito; li que sempre foi lícito ao poeta erótico exprimir neste gênero tudo o que pode aformoseá-lo contanto que envolva em metáforas ou alegorias o que, sem elas, fora agravante à modéstia.

Parece-me que o talento não lucra pouco vencendo a dificuldade de pintar com decência o que dos gênios medíocres sairia torpe."

Deve-se ressaltar, no entanto, que o poeta curvou-se parcialmente às exigências do Santo Ofício e promoveu alterações nos poemas condenados. E, na epístola a Joaquim Rodrigues Chaves, substituiu, de acordo com as instruções, a palavra *duro* por *grave*. Abaixo segue a discutida passagem da epístola:

Fera, ardente aversão no inferno acesa,
Em grave (duro) tribunal ousou pintar-me
Escândalo do céu, da natureza.
    Dos vícios que levava ousou manchar-me;
Foi escutada a vil; a vil foi criada;
Dura força correu a aguilhoar-me.
    De feroz condutor mão desabrida
Eis-me arremessa em hórrida masmorra
Onde co'a morte se parece a vida
    Aqui, longe de haver quem me socorra
Na solidão funesta, em que desmaio,
Sem que importe ao rigor que eu viva ou morra.

"Nenhum dos críticos e vernaculistas portugueses contemporâneos vetou a sobre-excelência da musa bocagiana." Aí estão as palavras de João Leda, outro devoto do árcade romântico, ainda mais radical do que Bilac, pois este último, apesar de todo endeusamento, reconhecia a existência de opiniões e críticas contraditórias.

Mas um dos estudos mais completos sobre a vida e a obra de Bocage é o de Teófilo Braga, que consome 120 páginas e constitui a introdução das obras quase completas do autor (mais de duas mil páginas) editada pela Lello, de Lisboa, em 1968. Nesse trabalho — *Bocage: sua vida e época literária* — tudo procura dissecar em torno das peripécias do poeta. Reconhece o seu grande valor e importância, mas não evita as críticas sobre aspectos estéticos e vivenciais.

Começa o seu trabalho alegando que o povo português só conhece o nome de dois poetas (dê-se o desconto da época em que afirmou isso): Camões e Bocage. De Camões sabe a lenda do seu amor pela pátria e, de Bocage, repete uma ou outra anedota picaresca. Faz notar, entretanto, que o mesmo Bocage "é o representante mais completo do século XVIII em Portugal, com o seu erotismo e bajulação áulica, com a galantaria improvisada e com os lampejos revolucionários"; "verdadeira imagem do espírito nacional, vigoroso e fecundo, cretinizado pelo obscurantismo religioso e pelo cesarismo monárquico".

Aliás, Bocage, como grande idólatra de Camões, não deixou de celebrá-lo em versos, como este em que, também, compara os infortúnios de ambos:

Camões, grande Camões, quão semelhante
Acho teu fado ao meu quando o cotejo!
Igual causa nos fez perdendo o Tejo
Arrostar co sacrílego gigante.

Como tu, junto ao Ganges sussurrante,
Da penúria cruel no horror me vejo;
Como tu, gostos vãos, que em vão desejo.
Também carpindo estou, saudoso amante.

Ludibrio como tu, da sorte dura
Meu fim demando ao céu pela certeza
De que só terei paz na sepultura.

Modelo meu tu és... Mas, oh, tristeza!
Se te imito nos transes da ventura
Não te imito nos dons da Natureza.

E o final do alentado ensaio de Teófilo Braga registra mais uma coincidência biográfica entre Camões e Bocage: "Ainda na sua morte coincide uma circunstância que o aproxima de Camões: o cantor dos *Lusíadas* morre antes da invasão dos exércitos de Filipe II, e Bocage, antes da invasão francesa; era em volta de Camões que se agrupavam os partidários da independência nacional e foram os principais amigos de Bocage os que sofreram pelo admirável movimento nacional de 1820."

Manoel Maria Barbosa du Bocage nasceu em Setúbal a 15 de setembro de 1765. Seu pai, José Luis Soares de Barbosa era bacharel em Cânones e trabalhava como advogado naquela cidade. Sua mãe, d. Mariana Joaquina Xavier Lestof du Bocage era filha de francês, o vice--almirante da armada portuguesa, Gil Le Doux du Bocage. O casal teve seis filhos e o nosso poeta foi o quarto a nascer. A sua irmã caçula, d. Maria Francisca, foi-lhe durante a vida inteira uma companheira permanente, e quem também, após a morte dele, guardou e pôs a salvo grande parte de seus manuscritos.

Seu pai, possuidor também de cultura literária e cultor da poesia, logo percebeu o talento do filho e tratou de solidificar sua formação. Aos 14 anos já havia assentado praça no regimento de infantaria da guarnição de Setúbal e tomava rigorosas aulas de latim. Isso se refletiu na sua poesia, sem falar nas traduções que fez de Virgílio e de Ovídio. Neste mesmo ano de 1779, instalou-se em Lisboa a fim de cursar a Academia Real de Marinha. Mas, na capital, além dos estudos científicos e das ciências naturais, entregou-se às galanterias, a uma vida já de dissipação. Foi também em tal período que tomou conhecimento das modinhas brasileiras que dominavam os salões. E aqui está um trecho contundente de Teófilo Braga sobre a vida na época: "no tempo de Bocage, em que a poesia se emprega na bajulação dos poderosos, e em que o ser bajulado se torna uma necessidade, o poeta vivia à sombra das casas nobres à maneira dos bobos da Idade Média, como o Lobo da Madragoa, ou arranjava colocações oficiais para si e para os seus, como Tolentino. Não existia a individualidade do escritor, do poeta que exprime a aspiração do seu tempo, havia o parasita que à custa de versos encomiásticos se tornava parte indispensável dos festins. Ninguém sentia a indignidade desta posição e Bocage tomou-a como uma forma sedutora da popularidade". Dizia ele próprio dos seus versos:

> ...que foram com violência
> Escritos pela mão do Fingimento,
> Cantados pela voz da Dependência.

Assim, a situação em que se encontrava em Lisboa motivou, em 31 de janeiro de 1786, por despacho do Conselho Ultramarino, o seu envio para a Índia. Aí, então, verificou-se a sua escala e passagem pelo Rio de Janeiro. Era, no momento, governador-geral do Brasil, Luis de

Vasconcelos Sousa Veiga Caminha e Faro, conhecido pela imensa ajuda que aqui propiciou às letras e às ciências. Bocage, já também conhecido no Rio de Janeiro, recebeu grande tratamento. Não faltaram poemas em retribuição a Vasconcelos e à capital da Colônia, cuja sociedade o manteve sob o melhor dos cultos. Seguem uns trechos como exemplo. Na Ode III:

Vasconcelos, aquele
Que de um sorriso, ó Musa, honrou teu canto
Lá na tépida margem
Do límpido Janeiro...........

ou na Canção II:

Viver debaixo do teu jugo brando
Sentir as leis do teu poder suave,
Teus méritos alçando
Ao palácio de Jove em metro grave;
Oh, que risonha, que benigna estrela!
Se o pensá-la é prazer, que fora o tê-la?

ou na Epístola I:

Debalde conjurando o rouco vento,
Em vão pedindo a Tétis sepultura
Nas entranhas do mádido elemento;
Pus, finalmente, os pés onde murmura
O plácido Janeiro, em cuja areia
Jazia entre delícias e ternura.

Enfim, segundo José Feliciano de Castilho, em *Notícias sobre Bocage,* ele morava, aqui no Rio, na Rua das Violas, no sítio da Ilha Seca.

Em Goa, viveu dois anos sob o desalento, a nostalgia, tomado pelas intrigas da sociedade local, e chegou a ficar doente. Compôs, então, algumas de suas melhores sátiras, alguns dos melhores sonetos — o que ainda mais lhe dificultou a vida. Atribui-se a sua saída de Goa ao poema erótico-obsceno, *A Manteigui,* nome da amante do governador local

De Goa, seguiu para Damão, lá nomeado, em 25 de fevereiro de 1789, tenente da infantaria da 5ª Companhia da Guarnição. Mas não suportou o tédio do estar na caserna e fugiu para Macau. Não se sabe quantos meses permaneceu nessa cidade, mas depois foi parar na China (Cantão). Em suma, de lá, graças à ajuda de amigos e do governador interino de Macau (que fez vista grossa quanto à sua deserção), conseguiu retomar a Lisboa, em 1790.

Nessa altura já possuía uma obra respeitável, uma experiência vivencial energizada pela vida de viagens, amores e aventuras, mas isso apenas serviu para a reação do mundo "oficial" de Lisboa, que já o considerava um louco de talento. Publicou seus versos, polemizou com os neoárcades, continuou a ser seguido e perseguido pelo intendente Manique (uma espécie de inspetor Javert português), interessou-se pela Revolução Francesa, colocando algumas ideias em torno dela nos seus versos, traduziu as *Metamorfoses,* de Ovídio, briga literária com José Agostinho de Macedo, até que, em 1797, é preso devido às irreverências antimonárquicas e anticatólicas, em especial na sátira sobre a *Pavorosa ilusão da eternidade.* As suas composições feitas no cárcere passavam pelo crivo da Inquisição. Enfim, depois de meses e meses enclausurado no Limoeiro e nas masmorras do Santo Ofício, obtém, em decorrência de pedidos e retratações, uma transferência para o mosteiro de São Bento, e dali para o convento dos oratorianos. Quando saiu, passou a ganhar o sustento seu e de sua irmã, através de traduções e outras ligeiras tarefas. Em 1800, por exemplo, fazia versões para a Tipografia Caleográfica e Literária, da qual era um dos diretores o paulista Frei José Mariano da Conceição Veloso; recebia um ordenado de 24 mil réis mensais. A série de traduções, de Delille, Castel, etc., faziam sucesso. Bocage chegava à glória. Segundo o relato de Teófilo Braga, o escritor Link, em seu *Viagens a Portugal,* consigna o fato: "Perguntei a muitos portugueses quais eram os melhores poetas modernos e, aos livreiros, quais as poesias mais procuradas; respondiam todos que era Manoel Maria Barbosa du Bocage."

Mas em 1804 começou a crise de sua doença final: o aneurisma da carótida não cessava de se desenvolver. Voltamos a Teófilo Braga: "Sempre crente no último período da doença, ao lembrar-se do que podia ainda dar, desespera-se e adota a vaga noção do *Nirvana* búdico, porventura adquirida quando viajou na Índia e na China":

Nestóreos dias, que sonhava Elmano.
Brilhantes de almos gostos, de áurea sorte,
Pomposa fantasia, audaz transporte,
As asas cerceai do orgulho insano.

Plano de um númen contradiz meu plano.
E quer que se esvaeça e quer que aborte;
Eis, eis palpita precursor da morte
No túmido aneurisma o desengano.

No desfecho do ano seguinte, Bocage morria: 21 de dezembro de 1805.

Como já havíamos dito, a obra de Bocage ocupa mais de duas mil páginas, e sem a inclusão dos poemas marginais. Tendo vivido apenas quarenta anos, pode-se, assim, dizer que o rigor, a contenção, a mão temperada não faziam parte de suas características. Pelo contrário, esbanjou talento; mas, compondo poemas em qualquer lugar, situação, circunstância, ou até a qualquer pretexto, seria impossível que apresentasse uma obra de grande unidade. Isso só aconteceu com Shakespeare — e mais ninguém.

A enxurrada de palavras desaba sob as mais várias temperaturas. Os amores e humores oferecem as mais diversas colorações, sejam líricas, eróticas, fesceninas, cômicas ou dramáticas. Criou em quase todas as modalidades poéticas possíveis: o soneto, a ode, a canção, o que chamava cantos, a elegia, o epicédio, o idílio, a cantata, a epístola, a sátira, a ode anacreôntica, a quadra (no sentido popular), o apólogo, a adivinhação, sem falar nas traduções e nos poemas, vamos dizer, obscenos ou pornográficos.

Bilac tinha razão em dizer que ele era um grande metrificador, e isto pode ser facilmente notado, principalmente no decassílabo que era a sua chave-mestra. Sabia musicar através das sílabas, mas, em especial, era um forjador de imagens insólitas. Não era um poeta conceitual, voltado para grandes pensamentos, porém, por ironia, é na *logopeia* da sátira onde melhor se encaixa. Ridicularizou inúmeras pessoas, usando seu verbo afiado e, então, um senso de medida que não está presente noutros gêneros.

Bocage — consideramos válido afirmar — foi uma espécie de pré-romântico português, com a sua *Sturm und Drang* muito peculiar: dissoluto e revolucionário, lírico e erótico, lamentoso e satírico, irreverente e bajulador. Ora, esse mundo de contradições explica a vastidão da obra, e pelo menos teve a glória de ser perseguido por padres e pela polícia, permanentemente, o que já é um galardão de brio.

No entanto, ao lado dessa espécie de pré-romantismo, existe em sua poética também um pós: o pós-barroco. Isto vem estampado naqueles poemas que geralmente apresentam a natureza como fundo e invocam deuses, ninfas, elementos de água, vegetais, etc. Nada possui da vertente conceptista do barroco, mas nesse último mergulha com toda uma fanopeia típica. Afinal, o barroco português possuía sua tradição, bastando lembrar as coletâneas da *Fênix renascida* e do *Postilhão de Apolo*.

Aliás, sob esse aspecto, ocorre um dado interessante. O barroquismo de Bocage deságua, muitas vezes, em imagens já de caráter rococó — expressões que em muito se afinam com o que posteriormente fizeram os grandes seresteiros do Brasil do final da década de 1920 e início de 1930: um Cândido das Neves "Índio" ("Última Escrofe", "Apoteose do Amor", "Lágrimas", etc.), um Uriel Lourival ("Mimi", "Céu Moreno", etc.) ou mesmo a letra que João de Barro fez para "Rosa", de Pixinguinha. É só comparar: "nevados serafins", "edenizada unção" (Uriel Lourival), "seios alabastrinos", "véu estrelejado", "rosa opulenta que meu jardim ostenta" (Cândido das Neves "Índio"), "sândalos alentes" (João de Barro). Vamos agora a Bocage: "nume ufano", "sulfúreo lume", "horrísonos furores", "tartáreo abismo", "mádidas Nereidas", "cadáveres cediços", "cetro aurífero", "métricos fulgores". Em suma, o assim chamado "mau gosto genial" dos letristas de nossa música popular tem raízes fundas...

Concluindo, apesar das contradições geradas pela quantidade, a obra de Bocage, com ou sem mínimo múltiplo comum, traduz um marco na literatura de Portugal. E poucos poetas foram tão "personagens" como ele — na vida e na arte. A primeira gerava a segunda que lhe devolvia renovada seiva através de aplausos, escândalo, polêmicas, prisão e inquéritos. E afinal o problema da imagem deturpada já estava publicamente lavrado com o ocorrido com o Marquês de Pombal, ao qual na sua infância o futuro poeta vira na fase de grande prestígio, para depois morrer debaixo de calúnias. Foi esse o mundo que se lhe apresentou desde o início: a contradição.

Bocage contraditório? Mas, assim, poderia citar previamente Walt Whitman: "eu me contradigo? então sou imenso, contenho multidões". E essa é a sua obra.

José Lino Grünewald

Sonetos

Proposição das rimas do poeta

Incultas produções da mocidade
Exponho a vossos olhos, ó leitores:
Vede-as com mágoa, vede-as com piedade,
Que elas buscam piedade, e não louvores:

Ponderai da Fortuna a variedade
Nos meus suspiros, lágrimas, e amores;
Notai dos males seus a imensidade,
A curta duração dos seus favores:

E se entre versos mil de sentimento
Encontrardes alguns, cuja aparência
Indique festival contentamento,

Crede, ó mortais, que foram com violência
Escritos pela mão do Fingimento,
Cantados pela voz da Dependência.

O autor aos seus versos

Chorosos versos meus desentoados,
Sem arte, sem beleza, e sem brandura,
Urdidos pela mão da Desventura,
Pela baça Tristeza envenenados:

Vede a luz, não busqueis, desesperados,
No mudo esquecimento a sepultura;
Se os ditosos vos lerem sem ternura,
Ler-vos-ão com ternura os desgraçados:

Não vos inspire, ó versos, covardia
Da sátira mordaz o furor louco,
Da maldizente voz a tirania:

Desculpa tendes, se valeis tão pouco;
Que não pode cantar com melodia
Um peito, de gemer cansado e rouco.

Contra a ingratidão de Nise

Raios não peço ao Criador do mundo,
Tormentas não suplico ao rei dos mares,
Vulcões à terra, furacões aos ares,
Negros monstros ao báratro profundo:

Não rogo ao deus do Amor, que furibundo
Te arremesse do pé de seus altares;
Ou que a peste mortal voe a teus lares,
E murche o teu semblante rubicundo:

Nada imploro em teu dano, ainda que os laços
Urdidos pela fé, como vil mudança
Fizeste, ingrata Nise, em mil pedaços:

Não quero outro despique, outra vingança,
Mais que ver-te em poder de indignos braços,
E dizer quem te perde, e quem te alcança.

Insônia

Já sobre o coche de ébano estrelado
Deu meio giro a noite escura e feia;
Que profundo silêncio me rodeia
Neste deserto bosque, à luz vedado!

Jaz entre as folhas Zéfiro abafado,
O Tejo adormeceu na lisa areia;
Nem o mavioso rouxinol gorjeia,
Nem pia o mocho, às trevas costumado:

Só eu velo, só eu, pedindo à sorte
Que o fio, com que está minh'alma presa
À vil matéria lânguida, me corte:

Consola-me este horror, esta tristeza;
Porque a meus olhos se afigura a morte
No silêncio total da Natureza.

Vênus protege Elmira contra a vingança do amor

De Pafos o menino ardendo em ira,
Porque uma ingrata as suas leis detesta,
Tão grave insulto despicar protesta,
E a domar-lhe a altivez, teimoso, aspira:

Dormindo encontra a desdenhosa Elmira,
Sobre a mão reclinada a nívea testa:
"Teu gênio (diz) amansarei com esta
Farpa sutil." — E do carcás a tira;

Mas a bela Acidália, a quem somente
Rende o travesso infante vassalagem,
Lhe aparece, e lhe grita: "Amor, detém-te!

Tu, filho, que não sofres que me ultrajem,
Elmira vens ferir, irreverente!
Nela de tua mãe não vês a imagem?"

Achando-se avassalado pela formosura de Jônia

Enquanto o sábio arreiga o pensamento
Nos fenômenos teus, ó Natureza,
Ou solta árduo problema, ou sobre a mesa
Volve o sutil geométrico instrumento:

Enquanto, alçando a mais o entendimento,
Estuda os vastos céus, e com certeza
Reconhece dos astros a grandeza,
A distância, o lugar, e o movimento:

Enquanto o sábio, enfim, mais sabiamente
Se remonta nas asas do sentido
À corte do Senhor onipotente:

Eu louco, eu cego, eu mísero, eu perdido
De ti só trago cheia, ó Jônia, a mente;
Do mais, e de mim mesmo ando esquecido.

Descrevendo os encantos de Marília

Marília, se em teus olhos atentara,
Do estelífero sólio reluzente
Ao vil mundo outra vez o onipotente,
O fulminante Júpiter baixara:

Se o deus, que assanha as Fúrias, te avistara
As mãos de neve, o colo transparente,
Suspirando por ti, do caos ardente
Surgira à luz do dia, e te roubara:

Se a ver-te de mais perto o Sol descera,
No áureo carro veloz dando-te assento
Até da esquiva Dafne se esquecera:

E se a força igualasse o pensamento,
Ó alma da minh'alma, eu te of'recera
Com ela a Terra, o Mar, e o Firmamento.

Visão amorosa

No carro de marfim sentada a Lua
Da antiga mãe das sombras triunfava,
Quando a furtivos gostos me guiava
Amor, a quem me entrega a sorte crua:

"Hoje (me disse o nume) há-de ser tua
A ninfa mais gentil que o Tejo lava;
Não deram tanta glória à minha aljava
Nem Vênus a carpir, nem Tétis nua:

Ali dorme o teu bem... vê, que momento!..."
Olho, corro anelante, aos pés lhe caio,
Mas tentando abraçá-la, abraço o vento:

Meu peito arqueja em súbito desmaio;
Eis que soa esta voz de horrendo acento:
"Profano! Expia o crime, e teme o raio!"

Recordações de uma ingrata

Inda em meu frágil coração fumega
A cinza desse fogo em que ele ardia;
A memória da tua aleivosia
Meu sossego inda aqui desassossega:

A vil traição, que as almas nos despega,
Não tem cabal poder na simpatia;
Gasta o mar importuno a rocha fria,
Melhor que o desengano a paixão cega:

Bem como o flavo sol, que a terra abraça,
Por mais que o veja densamente oposto,
Atraído vapor fere, e repassa:

Tal para misturar gosto e desgosto,
Na sombra de teus crimes brilha a graça,
Com que o pródigo céu criou teu rosto.

Desejos da presença do objeto amado

Já o Inverno, espremendo as cãs nevosas,
Geme, de horrendas nuvens carregado;
Luz o aéreo fuzil, e o mar inchado
Investe ao Pólo em serras escumosas;

Ó benignas manhãs! tardes saudosas,
Em que folga o pastor, medrando o gado,
Em que brincam no ervoso e fértil prado
Ninfas e Amores, Zéfiros e Rosas!

Voltai, retrocedei, formosos dias:
Ou antes vem, vem tu, doce beleza
Que noutros campos mil prazeres crias;

E ao ver-te sentirá minh'alma acesa
Os perfumes, o encanto, as alegrias
Da estação, que remoça a Natureza.

Visão realizada

Sonhei que a mim correndo o gnídeo nume
Vinha coa Morte, co Ciúme ao lado,
E me bradava: "Escolhe, desgraçado,
Queres a Morte, ou queres o Ciúme?

Não é pior daquela foice o gume,
Que a ponta dos farpões, que tens provado;
Mas o monstro voraz, por mim criado,
Quanto horror há no Inferno em si resume."

Disse; e eu dando um suspiro: "Ah! Não me espantes
Coa vista dessa fúria!... Amor, clemência!
Antes mil mortes, mil infernos antes!"

Nisto acordei com dor, com impaciência;
E não vos encontrando, olhos brilhantes,
Vi que era a minha morte a vossa ausência!

O poeta asseteado por amor

Oh, céus! Que sinto n'alma! Que tormento!
Que repentino frenesi me anseia!
Que veneno a ferver de veia em veia
Me gasta a vida, me desfaz o alento!

Tal era, doce amada, o meu lamento;
Eis que esse deus, que em prantos se recreia,
Me diz: "A que se expõe quem não receia
Contemplar Urselina um só momento!

Insano! Eu bem te vi dentre a luz pura
De seus olhos travessos, e cum tiro
Puni tua sacrílega loucura:

De morte, por piedade hoje te firo;
Vai pois, vai merecer na sepultura
A tua linda ingrata algum suspiro."

Retrato de uma formosura esquiva
(Improvisado)

Da minha ingrata Flérida gentil
Os verdes olhos esmeraldas são;
É de cândida prata a lisa mão,
Onde eu dum beijo passaria a mil:

A trança, cor do sol, rede sutil
Em que se foi prender meu coração,
É de ouro, o pai da túmida ambição,
Prole fatal do cálido Brasil:

Seu peito delicado e tentador
É porção de alabastro, a quem jamais
Penetraram farpões do deus traidor:

Mas como há-de a tirana ouvir meus ais,
Como há-de esta cruel sentir amor,
Se é composta de pedras, e metais!

Glosando o mote: "Nada se pode comparar contigo"

O ledo passarinho, que gorjeia
D'alma exprimindo a cândida ternura,
O rio transparente, que murmura,
E por entre pedrinhas serpenteia:

O Sol, que o céu diáfano passeia,
A Lua, que lhe deve a formosura,
O sorriso da aurora alegre e pura,
A rosa, que entre os zéfiros ondeia:

A serena, amorosa Primavera,
O doce autor das glórias que consigo,
A deusa das paixões, e de Citera:

Quanto digo, meu bem, quanto não digo,
Tudo em tua presença degenera,
Nada se pode comparar contigo.

Gozo fantástico

Debalde um véu cioso, ó Nise, encobre
Intactas perfeições ao meu desejo;
Tudo o que escondes, tudo o que não vejo
A mente audaz e alígera descobre:

Por mais e mais que as sentinelas dobre
A sisuda Modéstia, o cauto Pejo,
Teus braços logro, teus encantos beijo,
Por milagre da ideia afoita, e nobre:

Inda que prêmio teu rigor me negue,
Do pensamento a indômita porfia
Ao mais doce prazer me deixa entregue:

Que pode contra Amor a tirania,
Se as delícias, que a vista não consegue,
Consegue a temerária fantasia?

Ditado para a campa

Sobranceiro ao poder, e às leis da sorte,
Amor ouviu meus ais, cumpriu meu gosto:
Já, já sinto nos olhos, peito, e rosto
A névoa, as ânsias, o suor da morte:

À terra mão piedosa me transporte,
E depois que em sepulcro mal composto
Der ao frio cadáver frio encosto,
Estes versos por dó na pedra corte:

"Aqui se esconde Elmano; alegre estado
Algum tempo deveu à amiga estrela,
Foi de Armia amador, de Armia amado:

Desuniu duro caso o triste, e a bela;
Viver sem ela lhe ordenava o fado;
Quis antes o infeliz morrer por ela."

À memória de Ulina

Sonho, ou velo? Que imagem luminosa,
Esclarecendo o manto à noite escura,
A meus olhos pasmados se afigura,
Sopeia a tua dor, alma saudosa!

De mais vistoso objeto o céu não goza,
A clareza do Sol não é mais pura...
Que encanto! Que esplendor! Que formosura!...
Caiu-te um astro, abóbada lustrosa!...

Sorrisos da purpúrea madrugada,
Vós tão gratos não sois... Ah! Como inclina
A face para mim branda, apiedada!

Refulgente visão, tu és de Ulina;
Tu és a cópia fiel da minha amada,
Ou o reflexo talvez da luz divina.

À morte de sua irmã D. Maria Eugênia Barbosa du Bocage, falecida na flor da idade

De radiosas virtudes escoltada
Deste imaturo adeus ao mundo triste,
Coa mente no almo pólo, aonde existe
Bem, que sempre se goza, e nunca enfada:

À foice, a segar vidas destinada,
Mansíssima cordeira o colo uniste;
O que é do Céu ao Céu restituíste,
Restituíste ao nada o que é do nada:

E inda gemo, inda choro, alma querida,
Teu fado amigo, tua dita imensa,
Que em vez de pranto a júbilo convida!

Ah! Pio acordo minha mágoa vença;
É cativeiro para o justo a vida,
A morte para o justo é recompensa.

A um velho maldizente

Tu, maligno dragão, cruel harpia,
Monstro dos monstros, fúria dos infernos,
Que em vil murmuração, ralhos eternos
Estragas sem descanso a noite, e o dia:

Tu, que nas horas em que o mocho pia,
alumiaste meus suspiros ternos,
Sacode a carga de noventa invernos
Nas descarnadas mãos da morte fria:

Cai de chofre no báratro profundo,
Cai nas entranhas da voraz fornalha,
Deixa em sossego o miserável mundo:

E entre a maldita, réproba canalha,
Lá bem longe de nós, lá bem no fundo,
Arde, murmura, amaldiçoa, e ralha.

Despedindo-se da pátria, ao partir para a Índia

Eu me ausento de ti, meu pátrio Sado,
Mansa corrente deleitosa, amena,
Em cuja praia o nome de Filena
Mil vezes tenho escrito, e mil beijado:

Nunca mais me verás entre o meu gado
Soprando a namorada e branda avena,
A cujo som descias mais serena,
Mais vagarosa para o mar salgado:

Devo enfim manejar por lei da sorte
Cajados não, mortíferos alfanjes
Nos campos do colérico Mavorte;

E talvez entre impávidas falanges
Testemunhas farei da minha morte
Remotas margens, que umedece o Ganges.

Descreve as suas desventuras, longe da pátria e de Gertrúria

Do Mandovi na margem reclinado
Chorei debalde minha negra sina,
Qual o mísero vate de Corina
Nas tomitanas praias desterrado:

Mais duro fez ali meu duro fado
Da vil calúnia a língua viperina;
Até que aos mares da longínqua China
Fui por bravos tufões arremessado:

Atassalhou-me a serpe, que devora
Tantos mil, perseguiu-me o grão-gigante
Que no terrível promontório mora:

Por bárbaros sertões gemi vagante;
Falta-me inda o pior, falta-me agora
Ver Gertrúria nos braços de outro amante!

Achando-se prestes a ausentar-se da sua amada

Praias de Sacavém, que Lemnoria
Orna cos pés nevados e mimosos,
Gotejantes penedos cavernosos,
Que do Tejo cobris a margem fria:

De vós me desarreiga a tirania
Dos ásperos Destinos poderosos;
Que não querem que eu logre os amorosos
Olhos, aonde jaz minha alegria:

Ó funesto, ó penoso apartamento!
Objeto encantador de meus sentidos,
A sorte o manda assim, de ti me ausento:

Mas inda lá de longe os meus gemidos
Guiados por Amor, cortando o vento,
Virão, ninfa querida, a teus ouvidos.

A Camões, comparando com os dele os seus próprios infortúnios

Camões, grande Camões, quão semelhante
Acho teu fado ao meu, quando os cotejo!
Igual causa nos fez perdendo o Tejo
Arrostar co sacrílego gigante:

Como tu, junto ao Ganges sussurrante
Da penúria cruel no horror me vejo;
Como tu, gostos vãos, que em vão desejo,
Também carpindo estou, saudoso amante:

Ludíbrio, como tu, da sorte dura
Meu fim demando ao Céu, pela certeza
De que só terei paz na sepultura;

Modelo meu tu és... Mas, oh, tristeza!...
Se te imito nos transes da ventura,
Não te imito nos dons da Natureza.

Deprecação feita durante uma tempestade

Ó Deus, ó rei do Céu, do Mar, da Terra,
(Pois só me restam lágrimas, clamores)
Suspende os teus horríssonos furores,
O corisco, o trovão, que a tudo aterra:

Nos subterrâneos cárceres encerra
Os procelosos monstros berradores,
Que enchendo os ares de infernais vapores
Parece que entre si travaram guerra.

Para nós compassivo os olhos lança,
Perdoa ao fraco lenho, atende ao pranto
Dos tristes, que em Ti põem sua esperança!

Às densas trevas despedaça o manto,
Faze, em sinal de próxima bonança,
Brilhar no etéreo tope o lume santo!

Em louvor do grande Camões

Sobre os contrários o terror e a morte
Dardeje embora Aquiles denodado,
Ou no rápido carro ensanguentado
Leve arrastos sem vida o Teucro forte:

Embora o bravo Macedônio corte
Coa fulminante espada o nó fadado,
Que eu de mais nobre estímulo tocado.
Nem lhe amo a glória, nem lhe invejo a sorte:

Invejo-te, Camões, o nome honroso;
Da mente criadora o sacro lume,
Que exprime as fúrias de Lieu raivoso:

Os ais de Inês, de Vênus o queixume,
As pragas do gigante proceloso,
O céu de Amor, o inferno do Ciúme.

Glosando o mote:
"Das almas grandes a nobreza é esta"

Ser prole de varões assinalados,
Que nas asas da fama e da vitória
Ao templo foram da imortal Memória
Pendurar mil troféus ensangüentados:

Ler seus nomes nas páginas gravados
D'alta epopéia, d'elegante história,
Não, não vos serve de esplendor, de glória,
Almas soberbas, corações inchados!

Ouvir com dor o miserável grito
De inocentes, que um bárbaro molesta,
Prezar o sábado, consolar o aflito;

Prender teus vôos, ambição funesta,
Ter amor à virtude, ódio ao delito,
Das almas grandes a nobreza é esta.

Ao grande Afonso de Albuquerque

(Tomando Malaca em vingança da perfídia do rei do país para com os portugueses)

Em bando espesso, em número infinito,
Defende a ponte o bárbaro malaio;
Eis que entre horrores, êmulo do raio,
Albuquerque imortal voa ao conflito:

Assim que assoma o claro chefe invicto,
Terror da prole do feroz sabaio,
Gela os netos de Agar frio desmaio,
Os Lusos soltam da vitória o grito:

Vítima são do português Mavorte
Inda aqueles, que mal na fuga alcança,
Leva no ferro transmigrada a morte:

Mas já sobre troféus o herói descansa,
Havendo por seu braço ilustre, e forte,
A Pátria, a Natureza, os Céus vingança.

À decadência do Império Português na Ásia

Por terra jaz o empório do Oriente,
Que do rígido Afonso o ferro, o raio
Ao grão-filho ganhou do grão-sabaio,
Envergonhando o deus armipotente;

Caiu Goa, terror antigamente
Do naire vão, do pérfido malaio,
De bárbaras nações!... Ah! Que desmaio
Apaga o márcio ardor da lusa gente?

Oh, séculos de heróis! Dias de glória!
Varões excelsos, que apesar da morte
Viveis na tradição, viveis na história!

Albuquerque terrível, Castro forte,
Meneses, e outros mil, vossa memória
Vinga as injúrias, que nos faz a sorte.

À enfatuação que predominava em certos naturais de Goa

Cala a boca, satírico poeta,
Não te metas no rol dos maldizentes;
Não tragas os mestiços entre dentes,
Restitui ao carcás a ervada seta;

Dizes que é má nação, que é casta abjeta,
Fruto de enxertos vis? Irra! Tu mentes;
Vai ver-lhe os seus papéis; são descendentes
Do solar de Hidalcão por linha reta:

Vem de heróis, quais não viu Cartago ou Roma;
De seus avós, andantes cavaleiros,
A chusma de brasões não cabe em soma:

E (se não mentem certos noveleiros)
A muitos deles concedeu Mafoma
O foro de fidalgos-escudeiros.

Ao mesmo assunto

Tu, Goa, *in illo tempore* cidade,
Sempre tens habitantes de bom lote!
Não receiam que a cor se lhes desbote,
Privilégio da mista qualidade:

Nenhum há, que não conte, e sem vaidade,
Que seu primeiro avô, brutal Quixote,
Dera no padre Adão com um chicote
Por lhe haver disputado a antiguidade:

Diz-nos esta república de loucos
Que o cofre de Marata é ninharia,
Que do grão-Turco os réditos são poucos:

Mas em casando as filhas, quem diria
Que o dote consistisse em quatro cocos,
Um cafre, dez bajus, e a senhoria!

Ao mesmo

Eu vim c'roar em ti minhas desgraças,
Bem como Ovídio mísero entre os geras,
Terra sem lei, madrasta de poetas,
Estuporada mãe de gentes baças:

Tens filhos, antes cães de muitas raças,
Que não mordem com dentes, mas com tretas,
E que impingir-nos vem, como a patetas,
Gatos por lebres, ostras por vidraças:

Tens várias casas, armazéns de ratos,
Tens febres, mordexins em demasia,
De que escapamos a poder de tratos:

Mas a tua pior epidemia,
O mal, que em todos dá, que produz flatos,
É a vã, negregada senhoria.

Encarecendo a dificuldade de conciliar em Goa a amizade de seus naturais

Quer ver uma perdiz chocar um rato
Quer ensinar a um burro anatomia,
Exterminar de Goa a senhoria,
Ouvir miar um cão, ladrar um gato:

Quer ir pescar um tubarão no mato,
Namorar nos serralhos da Turquia,
Escaldar uma perna em água fria,
Ver uma cobra castiçar cum pato:

Quer ir num dia de Surrate a Roma,
Lograr saúde sem comer dois anos,
Salvar-se por milagre de Mafoma:

Quer despir a bazófia aos Castelhanos,
Das penas infernais fazer a soma,
Quem procura amizade em vis gafanos.

A um ricaço, tido na conta de cristão-novo

A certo genealógico de tretas
Suplicou um Luculo entusiasmado
Para pôr num teliz aveludado
Armas com prosa, timbre com caretas:

"Sim, senhor (diz-lhe o mestre de altas petas
Folheando volume remendado),
Neste livro aqui só tenho encerrado
Judias raças, e famílias pretas."

Disse; toma nas mãos a horrível broxa,
Pinta um rabo de fogo em mãos sombrias,
E por timbre de escudo uma carocha:

Põe-lhe em roda com letras rebranquias:
"Honor de Abraão, à tribo acende a tocha,
Celebra a Páscoa, espera inda o Messias."

A um bacharel, que casou com uma velha, para lhe empolgar seiscentos mil-réis que a mesma tinha de tença

Pilha aqui, pilha ali, vozeia autores,
Montesquieu, Mirabeau, Voltaire, e vários;
Propõe sistemas, tira corolários,
E usurpa o tom de enfáticos doutores:

Ciência de livreiros e impressores
Traz da vasta memória nos armários;
E tratando os cristãos de visionários,
Só rende culto a Vênus, e aos Amores:

A mulher, que a barriga lhe tem forra
Do jugo da vital necessidade,
Deixa em casa gemer, como em masmorra:

Este biltre, labéu da humanidade,
É um tal zote, um bacharel de borra;
Tem de um burro o juízo, e a castidade.

A certo sujeito, que, mal sabendo ler, dizia ter feito trinta tragédias, que ninguém viu

Tragédia de Tancreu, rei de Disúria,
Original em plano, atroz no enredo;
Tem atos dez, o herói morre de medo
Depois de onze minutos de lamúria:

Tragédia de Runrum, sultão da Incúria,
Que honrar a pátria há-de ir um dia cedo;
Pregão, baraço, açoites, e degredo
Pilha o protagonista, e lambe a injúria:

Peça de Gorgorão, rei de Bioco,
Terra ao Norte da Líbia, ao sul do mapa,
A ação vem nos *Anais de Manel Coco:*

Eis com que ao Lere o aranhiço escapa:
Tem mais sete em borrão, que dentro em pouco
Aos zângãos do café irão dar papa.

Ao Sr. Tomé Barbosa de Figueiredo de Almeida Cardoso

(Oficial de línguas na Secretaria dos Negócios Estrangeiros)

Dos tórridos sertões, pejados de ouro,
Saiu um sabichão de escassa fama,
Que os livros preza, os cartapácios ama,
Que das línguas repartem o tesouro:

Arranha o persiano, arranha o mouro,
Sabe que Deus em turco *Alá* se chama;
Que no grego alfabeto o G é *gama,*
Que *taurus* em latim quer dizer touro:

Para papaguear saiu do mato:
Abocanha talentos, que não goza;
É mono, e prega unhadas como gato:

É nada em verso, quase nada em prosa:
Não conheces, leitor, neste retrato
O guapo charlatão Tomé Barbosa?

A um célebre mulato Joaquim Manuel, grande tocador de viola e improvisador de modinhas

Esse cabra, ou cabrão, que anda na berra,
Que mamou no Brasil surra e mais surra,
O vil estafador da vil bandurra,
O perro, que nas cordas nunca emperra:

O monstro vil, que produziste, ó terra,
Onde narizes natureza esmurra,
Que os seus nada harmônicos empurra,
Com parda voz, das paciências guerra:

O que sai no focinho à mãe cachorra,
O que néscias aplaudem mais que a "Mirra",
O que nem veio de prosápia forra:

O que afina inda mais quando se espirra,
Merece à filosófica pachorra
Um corno, um passa-fora, um arre, um irra.

Ao mesmo

Vivem por i alguns de várias tretas,
Com um eu esbrevejo, em outros mango;
Que ópio dás ao machete orangotango,
Tu, glória das carrancas semipretas!

Quando acompanhas de infernais caretas
Insípido lundum, ou vil fandango,
Não posso tal sofrer: eu ardo, eu zango,
Que no auge do assombro te intrometas:

Crespo Arton, Orfeu de carapinha,
Já de sobejo tens fartado a gana
No seio da formosa pátria minha:

Com faro de chulice americana
Para o cálido sul cortando a linha
Vai cevar-te no coco, e na banana.

Ao Dr. Manuel Bernardo de Sousa e Melo

E ermo cemitério, em hora escura
Bernardo sepulcral no chão jazia,
Onde epicédio fúnebre tecia
Ao bem, que lhe arrancaste, ó Parca dura!

Era *Igênia de tal* a formosura
Que temporã descera à terra fria;
E o carrancudo vate assim carpina
Junto da triste, amada sepultura:

"Mochos, sócios de um mísero que chora,
Africanos leões, tigres de Armênia,
Dai lágrimas ao mal, que me devora:

Acode ao lasso amante, acode, Igênia!..."
Eis a campa rebenta, e surgem fora
Dois vampiros bailando ao som da nênia.

Ao mesmo

(Correndo fama de que o coveiro do cemitério da Esperança vendia iscas de defunto a um pasteleiro vizinho do mesmo sítio)

É mentira, não foi o vil coveiro
Quem com manha, maldade, ou tudo junto,
Impingiu várias iscas de defunto
A mascarrado e gírio pasteleiro:

Foi Bernardes (o Nênias) que em mau cheiro
Enfrascando o nariz, e as mãos em unto,
Impingia também o seu presunto,
De algum, com que esbarrava ainda inteiro:

Hoje atreve-se a mais: quer ver se apanha
Este, que é dos cadáveres Herodes,
Ao descarnado França um seco chispe:

Se lhe cais, Melizeu, na mão grifanha,
Lá vão filhos, mulher, sonetos, odes;
Ah pobre! Queira Deus que te não bispe!

Ao Padre Joaquim Franco de Araújo Freire Barbosa
(Vigário da igreja de Almoster)

Conhecem um vigário de chorina,
De insulsa frase, de ralé maruja?
Sapo imundo, que bebe, ou que babuja
No que deita por fora a Cabalina?

Este é um tal Franco, um tal sovina,
Que orelhas mil e mil com trovas suja,
Digno rival do mocho, e da coruja
Quando a voz desenfreia, a banza afina:

Faz versos em francês, francês antigo,
Em gíria de Veneza, e finalmente
Em corrupto espanhol; leve o castigo:

Ele diz que são bons, e os mais que mente;
Põe mãos à obra, faze o que te digo,
Chicoteia esse bruto, e crê na gente.

Por ocasião de um soneto composto pelo mesmo

Li as catorze regras aos penachos,
A trova, que as orelhas nos magoa;
Viva a maruja frase — *Estou na proa...* —
Modelo singular de termos baixos!

A lembrança dos bois, burros, e machos
É lembrança feliz, e coisa boa!
Pois o *palheiro, que sem peso voa!...*
Isso dá jus à cilha e barbicachos:

O lugar onde a mão findou seis linhas
Podia muito bem ficar em branco,
Sem fazer falta às pobres das vizinhas:

O quinto indigno verso é quase manco;
A ideia tem mais sal que três marinhas;
E a córnea conclusão laureia o Franco!

Ao mesmo

Volve a Peniche, ó zanga de Lisboa,
Ó testa capataz das ocas testas!
Vive entre os teus iguais, vive entre as bestas,
E entre bestas vivendo abate a proa:

Quem versos sem-sabor produz à toa
Só nos pode brindar com obras destas;
Deixa brilhar nas procissões, nas festas
Ninfas de quem Cupido em torno voa:

Mais bruto do que os bois, burros, e machos,
Ao lindo sexo amável dás batalha,
Porque talvez te ornou de alguns penachos!

No amor da esperta Nise achaste falha,
Ou antes o fervor, que vem dos cachos,
Te fez, tosco palheiro, arder a palha.

Vera efígie do Dr. Luís Correia da França e Amaral

(Que poderá servir de busca a toda a pessoa que nesta cidade o queira procurar, etc.)

Rapada, amarelenta cabeleira;
Vesgos olhos, que o chá, e o doce engoda;
Boca, que à parte esquerda se acomoda
(Uns afirmam que fede, outros que cheira:)

Japona, que da ladra andou na feira;
Ferrugento faim, que já foi moda
No tempo em que Albuquerque fez a poda
Ao soberbo Hidalcão com mão guerreira:

Ruço calção, que *espiga* no joelho,
Meia e sapato, com que ao lodo avança,
Vindo a encontrar-se ao esburgado artelho:

Jarra, com apetites de criança;
Cara com semelhança de besbelho;
Eis o bedel do Pindo, o doutor França.

A Belchior Manuel Curvo Semedo

Intruso no Apolíneo santuário,
Dar leis a cegos, iludir pedantes,
Uivar entre as frenéticas bacantes,
Qual vago lobisome'em seu fadário:

Voar de dicionário em dicionário,
Pilhando aqui e ali porções brilhantes;
Aguarentar com mãos surripiantes
Pigmeu de Sintra, teu verboso erário:

Por fofos versos com passar trejeitos,
Converter em trovão qualquer suspiro,
Em tarda prosa chã roncar preceitos:

Com remendadas púrpuras de Tiro
Vestir absurdos, embuçar defeitos;
Eis os progressos do pavão Belmiro.

Ao mesmo

Belmiro, que entre os pâmpanos farfalha,
Afetando entoar canções divinas,
Fez, cansado de asneiras pequeninas,
Uma, que até percebe a vil gentalha:

Nesse idílio, em que Fauno irado ralha,
O divino amador das frases finas
Pôs o cornudo Pã, deus das campinas,
De bruços a beber na vínea talha:

Um nume, que apesar do pé caprino
Teve altar, teve incenso, e reverência,
Jaz na classe das bestas? Irra! afino!

Que mesquinhez do vate, e que insolência!
Tudo por cinco réis, quando o mofino
Cum púcaro poupava esta indecência!

Ao mesmo

Junto ao Tejo, entre os tenros Amorinhos,
As belmíricas musas pequeninas,
Para agradar a estúpidas meninas
Haviam fabricado uns bonequinhos:

Com eles os travessos rapazinhos,
Que são mui folgazões, e mui traquinas,
Armaram mil sutis alicantinas,
E os lançaram depois nuns bispotinhos:

Eis tágide louçã de ebúrneo colo,
A quem não vencerá, por mais que lute,
O nosso Belmirinho, anão de Apolo,

Surge d'água, e lhe diz: "Filhinho, escute;
Olhe com que notícia hoje o consolo!
É poeta do rei de Liliput!"

Descreve uma sessão da Academia de Belas-Letras de Lisboa, mais conhecida pela denominação de Nova Arcádia

Preside o neto da rainha Ginga
À corja vil, aduladora, insana:
Traz sujo moço amostras de chanfana,
Em copos desiguais se esgota a pinga:

Vem pão, manteiga, e chá, tudo à catinga;
Masca farinha a turba americana;
E o orangotango a corda à banza abana,
Com gestos e visagens de mandinga:

Um bando de comparsas logo acode
Do fofo Conde ao novo Talaveiras;
Improvisa berrando o rouco bode:

Aplaudem de contínuo as frioleiras
Belmiro em ditirambo, o ex-frade em ode;
Eis aqui de Lereno as quartas-feiras.

Aos sócios da Nova Arcádia

Vós, ó Franças, Semedos, Quintanilhas,
Macedos, e outras pestes condenadas;
Vós, de cujas buzinas penduradas
Tremem de Jove as melindrosas filhas:

Vós, néscios, que mamais das vis quadrilhas
Do baixo vulgo insossas gargalhadas,
Por versos maus, por trovas aleijadas,
De que engenhais as vossas maravilhas:

Deixai Elmano, que inocente e honrado
Nunca de vós se lembra, meditando
Em coisas sérias, de mais alto estado:

E se quereis, os olhos alongando,
Ei-lo! Vede-o no Pindo recostado,
De perna erguida sobre vós mijando!

Aos mesmos

Contra Elmano Sadino urrando avança
O estéril Córidon, o vão Belmiro,
Bernardo, o Nênias, lúgubre vampiro,
Que do extinto Miguel possui a herança;

O curto Quintanilha, o torpe França,
O tonsurado retumbante Elmiro,
Vibram tiros ao vate, e é cada tiro
Mais frouxo, que pedrada de criança:

Elmano solta um ......, eis foge tudo;
Eis os sócios ganindo ao som do traque,
Quais do funil apenso os cães no entrudo:

Mas se inda a corja renovar o ataque,
Bocage que fará? Pôr-se de escudo,
Perder doze vinténs num Almanaque.

Aos mesmos

De insípida sessão no inútil dia
Juntou-se do Parnaso a galegagem;
Em frase hirsuta, em gótica linguagem
Belmiro um ditirambo principia:

Taful, que o português não lhe entendia,
Nem ao resto da cômica salsage,
Saca o soneto, que lhe fez Bocage,
E conheceu-se nele a Academia:

Dos sócios o pior silvou qual cobra,
Desatou-se em trovões, desfez-se em raios,
Dando ao triste Bocage o que lhe sobra:

Fez na calúnia vil cruéis ensaios,
E jaz com grandes créditos a obra
Entre mãos de marujos, e lacaios.

Aos mesmos

Tu, França, que na ode és mar em calma;
Tu, mocho da piéria soledade,
Bernardo, a quem no horror da escuridade
Com dois versos à morte o estro acalma:

Quintanilha, pigmeu no corpo e n'alma;
Da matriz de Almoster tu, calvo abade;
Belmiro, anão de Apoio, e tu, ex-frade,
Que em trovas de bumbum levas a palma:

Vates, que mereceis do cardo a rama;
Turba, que as setas da calúnia afias;
Momentâneo borrão da alheia fama:

Dá cabo das sessões, com que enfastias;
Por mão do secretário entrega à chama
Papelada servil de ninharias!

À Nova Arcádia

Ó triste malfadada Academia!
O vate Elmano em sátiras se espraia;
Fervem correios ao loquaz Talaia,
Que a todos teu descrédito anuncia:

Apolo exulta, o povo te assobia;
A glória tua em convulsões desmaia;
Ah! Primeiro que a pobre em terra caia,
Corte-se o vôo da fatal porfia:

Ao satírico audaz põe duro freio,
Pune o declamador, que te flagela;
Dá-lhe assento outra vez no magro seio:

Bem como a quem profana uma donzela,
Que em pena do afrontoso estupro feio
Fazem próvidas leis casar com ela.

Ao trovista Caldas, pardo de feições, e grenha crespa e revolta

(Metamorfose)

Lembrou-se no Brasil bruxa insolente
De armar ao pobre mundo estranha peta;
Procura um mono, que infernal careta
Lhe faz de longe, e lhe arreganha o dente:

Pilhando-o por mercê do averno ardente,
Conserva-lhe as feições na face preta;
Corta-lhe a cauda, veste-o de roupeta,
E os guinchos lhe converte em voz de gente:

Deixa-lhe os calos, deixa-lhe a catinga;
Eis entre os lusos o animal sem rabo
Prole se aclama da rainha Ginga:

Dos versistas se diz modelo, e cabo;
A sua alta ciência é a mandinga.
O seu benigno Apolo é o Diabo.

Aspirações do liberalismo, excitadas pela Revolução Francesa, e consolidação da república em 1797

Liberdade, onde estás? Quem te demora?
Quem faz que o teu influxo em nós não caia?
Por que (triste de mim)! Por que não raia
Já na esfera de Lísia a tua aurora?

Da santa Redenção é vinda a hora
A esta parte do mundo, que desmaia:
Oh! Venha... Oh! Venha, e trêmulo descaia
Despotismo feroz, que nos devora!

Eia! Acode ao mortal, que frio e mudo
Oculta o pátrio amor, torce a vontade,
E em fingir, por temor, empenha estudo:

Movam nossos grilhões tua piedade;
Nosso númen tu és, e glória, e tudo,
Mãe do gênio e prazer, ó Liberdade!

Reprodução do antecedente, estando o autor preso

Liberdade querida, e suspirada,
Que o Despotismo acérrimo condena;
Liberdade, a meus olhos mais serena
Que o sereno clarão da madrugada!

Atende à minha voz, que geme e brada
Por ver-te, por gozar-te a face amena;
Liberdade gentil, desterra a pena
Em que esta alma infeliz jaz sepultada:

Vem, ó deusa imortal, vem, maravilha,
Vem, ó consolação da humanidade,
Cujo semblante mais que os astros brilha:

Vem, solta-me o grilhão da adversidade;
Dos Céus descende, pois dos Céus és filha,
Mãe dos prazeres, doce Liberdade!

Na solidão do cárcere

Quando na rósea nuvem sobe o dia
De risos esmaltando a Natureza,
Bem que me aclare as sombras da tristeza
Um tempo sem-sabor me principia:

Quando por entre os véus da noite fria
A máquina celeste observo acesa,
De angústia, de terror a imagens presa
Começa a devorar-me a fantasia.

Por mais ardentes preces, que lhe faço,
Meus ais não ouve o númen sonolento,
Nem prende a minha dor com tênue laço:

No Inferno se me troca o pensamento;
Céus! Por que hei-de existir, por quê, se passo
Dias de enjoo, e noites de tormento?

Agradecendo a Morfeu um sonho feliz

Bem hajas, ó Morfeu! À fantasia
Que cena divinal me deste agora!
Nise, qual sai da noite a grata aurora,
Surgiu-me dentre as sombras da agonia.

Mais belo inda a saudade me fingia
O gesto encantador, que os céus namora;
Cuido que inda me afaga, que inda chora
Pranto, que morta flor viver faria.

Graças, ó nume, de meus ais magoado!
Alta mercê meu coração te deve,
Por este acinte, que fizeste ao fado:

Só tua divindade a tal se atreve;
Mas, ah! Que eras prazer de um desgraçado
Sempre mostraste, ó sonho, em ser tão breve.

Deplorando a crueldade de Nise

Excedo lustros seis por mais três anos,
Mas bem que juvenis meus anos sejam,
Já murcham de agonia, e já me alvejam
Não raros na cabeça os desenganos.

Os fados, meus verdugos, meus tiranos,
Que de Pandora o cofre em mim despejam,
Folgam de que os mortais nas cãs me vejam
Tristes amostras de frequentes danos.

Parece que devia a formosura
Vingar-me dos cruéis comigo irados,
E da ternura o prêmio ser ternura:

Mas Nise (oh, vãos extremos desgraçados!)
Na trança infausta branquear procura
O resto escuro, que escapou aos fados.

A existência de Deus, provada pelas obras da Criação

Os milhões de áureos lustres coruscantes
Que estão da azul abóbada pendendo:
O Sol, e a que ilumina o trono horrendo
Dessa, que amima os ávidos amantes:

As vastíssimas ondas arrogantes,
Serras de espuma contra os céus erguendo,
A leda fonte humilde o chão lambendo,
Lourejando as searas flutuantes:

O vil mosquito, a provida formiga,
A rama chocalheira, o tronco mudo,
Tudo que há Deus a confessar me obriga:

E para crer num braço, autor de tudo,
Que recompensa os bons, que os maus castiga,
Não só da fé, mas da razão me ajudo.

Deprecatório, em ocasião de tempestade

Filho, Espírito, e Pai, três e um somente,
Que extraíste do caos, do pó, do nada
O Sol dourado, a Lua prateada
O racional, e irracional vivente:

Eterno, justo, imenso, onipotente,
Que ocupas essa abóbada estrelada,
Grão-Ser, de cuja força ilimitada
A máquina do mundo está pendente:

Tu que, se queres, furacão violento,
Samatra feia, tempestade escura,
Desatas, e subjugas num momento:

Criador, que remiste a criatura,
Quebra o furor do túmido elemento,
Que nos abre no Inferno a sepultura!

À Paixão de Jesus Cristo

O Filho do Grão-Rei, que a monarquia
Tem lá nos Céus, e que de Si procede,
Hoje mudo e submisso à fúria cede
De um povo, que foi Seu, que à morte o guia:

De trevas, de pavor se veste o dia,
Inchado o mar o seu limite excede,
Convulsa a terra por mil bocas pede
Vingança de tão nova tirania:

Sacrílego mortal, que espanto ordenas,
Que ignoto horror, que lúgubre aparato!...
Tu julgas teu Juiz!... Teu Deus condenas!

Ah! Castigai, Senhor, o mundo ingrato:
Caiam-lhe as maldições, chovam-lhe as penas,
Também eu morra, que também vos mato.

Contra a inveja

Tu de quantos dragões o Inferno encerra
És o pior, Inveja pestilente!
Morde a virtude, ao mérito faz guerra
Teu detestável, teu maligno dente:

Atenas por teu mando iniquamente
O defensor Temístocles desterra;
O grão-Pacheco, o raio do Oriente,
Por ti, cruel, sem funerais se enterra:

Lívidas gotas de infernal peçonha
Cuspiste sobre o néctar, que a ventura
Por mãos de neve me of'receu risonha:

E depois de tragar-me a Parca dura,
Há-de ir ainda a tua voz medonha
Minha cinza afrontar na sepultura.

Conformidade com os decretos da Providência

A frente, que de louro ergui cingida,
Ufana do louvor, e da inocência,
Jaz por efeito de hórrida aparência,
Curvada pelo opróbrio, e denegrida:

De mil gratos objetos guarnecida
Rutilava a meus olhos a existência;
Hoje, amável Prazer, na tua ausência
Parece aos olhos meus um ermo a vida.

De quantas cores se matiza o Fado!
Nem sempre o homem ri, nem sempre chora,
Mal com bem, bem com mal é temperado;

Os estados variam de hora em hora;
Sábio o mortal, que em um, que em outro estado
(Disposto a tudo) a Providência adora!

Lenitivos do sofrimento contra as perseguições da desventura

Vítima do rigor, e da tristeza,
Em negra estância, em cárcere profundo,
O mundo habito sem saber do mundo,
Como que não pertenço à Natureza:

Enquanto pela vasta redondeza
Vai solto o crime infesto, o vício imundo,
Eu (não perverso) em pranto a face inundo,
Do grilhão suportando a vil dureza:

Mas no bojo voraz da desventura,
Monstro por cujas faces fui tragado,
Em parte um pensamento a dor me cura:

O infeliz (não por culpa, só por fado)
Naqueles corações em que há ternura,
É mais interessante, é mais amado.

No seu dia natalício

Do Tempo sobre as asas volve o dia,
O ponto de meu triste nascimento;
Vedado à luz do Sol este momento,
Fúria, com vossos fachos se alumia!

Nascido apenas, pavorosa harpia
Ao berço me voou de imundo alento:
Empestando o misérrimo aposento,
Eis me roga esta praga horrenda, impia:

"Esteja sempre o bem de ti remoto,
Vivas sempre choroso, amargurado,
Dane teus dias o destino imoto."

Caiu-me a imprecação do monstro alado,
Curto mil males, e entre sombras noto
Outros com que me espera ao longe o fado.

Protesta pela sua inocência, agredida por detratores invejosos

Néscia, vil ignorância, injuriada
Dos vivas, que meu estro me granjeia,
Desce aos Infernos, e a calúnia feia
Bramindo extrai da lôbrega morada:

Do monstro de cem bocas escoltada
Por aqui, por ali corre, vagueia,
Em meu nome de lar em lar semeia
Agro ditério, sátira danada:

Em cínico furor me finge aceso,
Venenoso, mordaz, ímpio me chama,
Diz que o jugo de um rei, de um Deus desprezo.

Mas sempre, sobranceiro à baixa trama,
Das pátrias justas leis me é doce o peso,
Amo a religião, e aspiro à fama.

Confiança na misericórdia divina

Lá quando a Tua voz deu ser ao nada,
Frágil criaste, ó Deus, a Natureza;
Quiseste que aos encantos da beleza
Amorosa paixão fosse ligada:

Às vezes em seus gostos desmandada,
Nos excessos desliza-se a fraqueza;
Fingem-Te então com ímpeto, e braveza
Erguendo contra nós a destra armada:

Ó almas sem acordo, e sem brandura,
Falsos órgãos do Eterno! Ah!... Profanai-o,
Dando-lhe condição tirana e dura!

Trovejai, que eu não tremo, e não desmaio;
Se um Deus fulmina os erros da ternura,
Uma lágrima só Lhe apaga o raio.

O retrato de Deus, desfigurado por ministros embusteiros

Um Ente, dos mais entes soberano,
Que abrange a terra, os céus, a eternidade;
Que difunde anual fertilidade,
E aplana as altas serras do oceano:

Um númen só terrível ao tirano,
Não à triste mortal fragilidade;
Eis o Deus, que consola a humanidade,
Eis o Deus da razão, o Deus de Elmano:

Um déspota de enorme fortaleza,
Pronto sempre o rigor para a ternura,
Raio sempre na mão para a fraqueza:

Um criador funesto à criatura;
Eis o Deus, que horroriza a Natureza,
O Deus do fanatismo, ou da impostura.

Ao Dr. José Tomás Quintanilha

(Que descrevera na excelente glosa de uma quadra o desastre de Leandro e Hero)

Eurindo, caro às Musas, e aos Amores,
Das tágides louçãs cantor mimoso,
Não danes o alma verso deleitoso,
Não soe o lasso Elmano em teus louvores:

Exprime de Hera as lágrimas, as dores,
Do audaz de Abido o trânsito afanoso,
E em fofos escarcéus Netuno iroso
Mugindo, sufocando-lhe os clamores:

Pinta os males de Amor, de Inês os fados,
Canta as glórias de Amor, canta de Alzira
Os olhos, as madeixas, e os agrados:

Em vez de aviventar coa maga lira
Musa infeliz, que em ânsias, em cuidados,
Em soluços, em ais arqueja, expira.

Glosando o mote:
"Extrai da glória alheia o seu desdouro"

Eis da Virtude o templo rutilante;
Sacerdote ancião, de cubra veste,
Compassa pelo cântico celeste
Meneado turíbulo fumante:

Do pio aroma, do vapor fragrante
O giro salutar consome a peste
Do vício, que debalde encara, investe
Turba de heróis às aras circunstante:

No sólio majestoso a deusa abrindo
Aos alunos fiéis almo tesouro,
Dobra o preço a seus dons em dar sorrindo:

E à porta, que volteia em quícios de ouro,
A inveja prenhe de áspides, bramindo,
Extrai da glória alheia o seu desdouro.

Louvando alguns poetas líricos seus contemporâneos

Encantador Garção, tu me arrebatas
Audaz vibrando o plectro venusino;
Suave Albano, delicado Alcino,
Musas do terno Amor, vós me sois gratas;

Adoro altos prodígios, que relatas
Cantor da glória, majestoso Elpino,
Tu, que agitado de ímpeto divino
Acesos turbilhões na voz desatas:

Ó cisnes imortais do Tejo ameno!
A carrancuda Inveja em mim não cria
Víboras prenhes de infernal veneno:

O clarão, que esparzis, me acende e guia:
Culto, incenso vos dou, quando condeno
Delírios que Belmiro ao prelo envia.

Ao réu que foi conduzido ao patíbulo no dia 11 de julho de 1797

Ao crebro som do lúgubre instrumento
Com tardo pé caminha o delinquente;
Um Deus consolador, um Deus clemente
Lhe inspira, lhe vigora o sofrimento:

Duro nó pelas mãos do algoz cruento
Estreitar-se no colo o réu já sente;
Multiplicada a morte anseia a mente,
Bate horror sobre horror no pensamento:

Olhos e ais dirigindo à Divindade,
Sobe, envolto nas sombras da tristeza,
Ao termo expiador da iniquidade:

Das leis se cumpre a salutar dureza;
Sai a alma de entre o véu da humanidade;
Folga a Justiça, e geme a Natureza.

Ao mesmo assunto

Sobre o degrau terrível assomava
O réu cingido de funéreo manto;
Avezada ao terror, aos ais, ao pranto
Da intrepidez a Morte se assombrava:

No firme coração não palpitava
O precursor da Parca, o mudo espanto;
E, ufana de subir no esforço a tanto,
Um ai a Humanidade apenas dava:

Mortal, que foste herói no extremo dia,
De ideias carrancudas e opressoras
Não sofreste o pavor na fantasia:

Coas vozes divinais, consoladoras,
Só a religião de embrandecia:
Foras de ferro, se cristão não foras!

Ao Sr. André da Ponte do Quental e Câmara, quando preso com o autor

O pesado rigor de dia em dia
Se apure contra nós, opresso amigo;
Tolere, arraste vis grilhões contigo
Quem contigo altos bens gozar devia:

Da nossa amarga sorte escura, impia,
Colha triunfos tácito inimigo;
Sombra como a do lúgubre jazigo
Nos cubra de mortal melancolia:

Custam fadigas a virtude, a glória;
Por entre abrolhos se caminha ao monte,
Ao templo da honorífica Memória:

Posto que hoje a calúnia nos afronte,
Inda serão talvez na longa história
Dois nomes imortais — Bocage, e Ponte!

Ao Sr. Antônio Bersane Leite, na morte de sua esposa

Tributo em ais no coração gerados
Não dês à cara cinza, aflito esposo;
Roçam da vida o círculo afanoso
Caminhos florescentes, e estrelados:

Espíritos gentis, por Jove amados,
Volvendo a seu princípio luminoso,
Olham sol não crestante, e mais formoso,
Vagueiam sem temor por entre os fados.

Com alta fantasia, e rosto enxuto,
Vê nos elísios a imortal consorte,
Vê da virtude a flor tornar-se em fruto;

Doce, augusta Verdade Amor conforte;
Em vós, ó ímpios, a existência é luto,
É nos eleitos um sorriso a morte.

Por ocasião do atroz parricídio, que horroriza Lisboa: "Um filho, que matou seu pai!"

Lançado pela destra onipotente
O Sol na cristalina imensidade,
Refletindo o clarão da divindade
A Terra, como o Céu, viu inocente:

Delícias era o mundo... Eis de repente
Crespa de serpes, hórrida Maldade
Rebenta da profunda Eternidade,
E a Natureza em si o Inferno sente:

Lavrando os crimes, tomam-se costumes;
De horror, Argos e Roma, exemplo destes
Que enegrece, ó Memória, os teus volumes!

Tu mesma eterno dó, tu, Lísia, vestes;
Que em teu seio (credor de em si ter numes)
Se uniu a alma de Nero à mão de Orestes.

Assegurando Anália da sua firmeza

Distrai, meu coração, tua amargura,
Os males que te assanha a fantasia:
Provém da formosura essa agonia?
Seja o seu lenitivo a formosura;

Por mil objetos adoçar procura
O ardor, que lavra em ti de dia em dia;
Mas, ó fatal poder da simpatia!
Ó moléstia de amor, que não tem cura!

Astúcia exercitar que te resista
Minha Anália, meu bem, debalde intento,
Está segura em mim tua conquista.

Como hei-de minorar-te o vencimento,
Coarctar o império teu, se as mais à vista
Valem menos que tu no pensamento?

O sorriso de Anália

Quando Anália, o meu bem, que o céu namora,
Meigo sorriso de outro céu desprende,
Geme, e o que é vida num gemido aprende
Peito, que amor, e que a existência ignora:

Quando Anália, o meu bem, suspira, ou chora,
A doce mágoa doce fogo acende;
Na estância divinal com Jove entende,
Quase tenta implorá-la o ser que implora;

Sente um Deus como sente a Natureza
Aquela, em cujos dons adorno o canto,
Aquela, que a meus versos dá grandeza:

Mas (se posso antepor encanto a encanto)
Amo-lhe o riso, adoro-lhe a tristeza;
De Vênus a chorar tal era o pranto!

As ilusões do desejo desfeitas pela realidade

Desejo iluso, e vão! Para que traças
Quadro, que imagens divinais of'rece?
A terna ausente amada me aparece,
Em céu de amores eclipsando as Graças:

Ante a doce visão com que me enlaças,
Já murcho, estéril já, meu ser floresce:
Mas súbito fantasma eis desvanece
Chusma de encantos, que em teu sonho abraças:

C'roado de cipreste o Desengano
O meu nada me agoura... Oh, dor mais forte
Do que em seu grau supremo o esforço humano!

Chorai, Piedade, e Amor, tão triste sorte,
Chorai: longe de Anália expira Elmano;
Os que a ternura uniu, desume a morte.

As lágrimas de Anália
(Escrito no último período de sua final moléstia)

De um nume aos ais de Elmano, oh, dom mimoso!
Tesouros meus! Aljôfares de Amores!
Ao ver-vos deslizar, cair nas flores
De um gesto, como os deuses, milagroso;

Orvalho pareceis do Céu piedoso,
Que meigo alívio influi em agras dores,
Que umedece estes áridos vapores,
Este hálito da morte infesto, ansioso:

Sentindo o coração por ti regado,
Contigo, ó néctar, a existência encanto,
E brando para mim se ri meu fado:

Amada! Jove, e tu, só podem tanto!
Meu mal dorme, repousa embriagado
Das mil delícias, que me dá teu pranto.

Últimos cantos

Cantor, que a fronte erguia engrinaldada
Convosco, idálias c'roas, mirto, e rosas,
Que viu por mão das tágides formosas
De aljôfares a lira, e de ouro ornada:

Mente, de etéreos dons abrilhantada,
Que solta em produções, louçãs, pomposas,
Surgiu, voou com asas luminosas
Ante o bando, que vai de rojo ao nada:

Estro, opulento do febeu tesouro
(Já dos épicos sons talvez no ensaio)
Ouviu sair das trevas triste agouro:

Seu fado o fulminou, bateu-lhe o raio
À sombra tua (ai, dor!) lá mesmo, ó louro!
Chorai-o, Amores! Tágides, chorai-o!

Alentos de esperança durante o período da moléstia final

Se na que, morna e lúgubre, murmura,
Corrente averna, como as sombras densa,
Der queda enorme a sôfrega Doença
Que à vida quer sorver-me a fonte impura:

De eleitos vegetais sagaz mistura
Não foi rígido estorvo à morte intensa;
Só pode aos olhos meus virtude imensa
A do horror ferrolhar morada escura:

Arde, ó estro! Fulmina o monstro humano,
Que origem vil ao mundo, a si presume,
E à causa divinal repugna, insano:

Salve, princípio d'alma, etéreo lume!...
Se um Deus não fora, que seria Elmano!
Existe o vate, porque existe o nume.

Por ocasião de uma poesia, em que seu autor (N.A.P. Pato Moniz) propugnava os mesmos ditames[1]

Às rígidas lições do férreo Zeno
Se torce o coração, se enruga o rosto;
Falaz sistema, e de aridez composto,
Que às fecundas paixões seca o terreno!

Por timbre em metro de ouro o doura Oleno,
E, à doce Natureza o nunca oposto
(Rindo entre flores, vicejando em gosto)
Gênio desliza de Epicuro ameno:

Ele (bem que o difame o vulgo rude)
De almos Prazeres pela mão nevada
De espinhos despe o trilho à sã virtude;

Veste de rosas a macia estrada,
A moral formoseia, e não me ilude
Querendo que de um deus ostente um Nada.

---

1 A expressão "os mesmos ditames", acima, *é* uma referência ao soneto "Insuficiência das doutrinas do Estoicismo", in *Obras de Bocage* , Porto, Lello & Irmãos Editores, p. 433. (N.E.)

Soneto

Il n'est de malhereux que les coeurs derrompés.
VOLTAIRE, *Mérope*

Em vão, para tecer-me um ledo engano,
Filósofo ostentoso indústrias cansa:
Diz-me em vão, que exalando-se a esperança,
Repousa na apatia o peito humano:

O nauta a soçobrar no pego insano
Vê rir-se ao longe a cérula bonança;
A mente esperançosa enfreia, amansa
Os roncos, e as bravezas do oceano:

Se nos míseros cai da mão dos fados
O negro desengano, ei-los ansiosos,
E à desperação, e à fúria dados!...

Dourai-nos o porvir, ó céus piedosos!
Justos céus! Deem sequer jardins sonhados
As flores da ventura aos desditosos!

Vendo-se indeciso acerca do termo da sua enfermidade

Se o grande, o que nos orbes diamantinos
Tem curvos a seus pés dos reis os fados,
Novamente me der ver animados
De modesta ventura os meus destinos:

Se acordarem na lira os sons divinos,
Que dormem (já da glória não lembrados)
Ao coro eterno cândidos, e alados
Honrar com ele um Deus ireis, meus hinos:

Mas, da humana carreira inda no meio,
Se a débil flor vital sentir murchada
Por lei que envolta na existência veio;

Coa mente pelos céus toda espraiada,
Direi, de eternidade ufano e cheio:
"Adeus, ó mundo! Ó Natureza! Ó nada!"

Sentimentos de contrição, e arrependimento da vida passada

Meu ser evaporei na lida insana
Do tropel de paixões, que me arrastava;
Ah! Cego eu cria! Ah! Mísero eu sonhava
Em mim quase imortal a essência humana:

De que inúmeros sóis a mente ufana
Existência falaz me não dourava!
Mas eis sucumbe Natureza escrava
Ao mal, que a vida em sua orgia dana.

Prazeres, sócios meus, e meus tiranos!
Esta alma, que sedenta em si não coube,
No abismo vos sumiu dos desenganos:

Deus, ó Deus!... Quando a morte à luz me roube
Ganhe um momento o que perderam anos,
Saiba morrer o que viver não soube.

Ditado entre as agonias do seu trânsito final

Já Bocage não sou!... À cova escura
Meu estro vai parar desfeito em vento...
Eu aos Céus ultrajei! O meu tormento
Leve me torne sempre a terra dura:

Conheço agora já quão vã figura
Em prosa e verso fez meu louco intento;
Musa!... Tivera algum merecimento
Se um raio da razão seguisse pura!

Eu me arrependo; a língua quase fria
Brade em alto pregão à mocidade,
Que atrás do som fantástico corria:

Outro Aretino fui... A santidade
Manchei!... Oh! Se me creste, gente impia,
Rasga meus versos, crê na eternidade!

À morte gloriosa do insigne almirante Horácio Nélson

Precavendo os vaivéns da instável sorte,
E do britano herói zelando a glória,
Sem mancha, sem desar, dá-la à memória
Pelas ondas fatais jurou Mavorte:

Nélson! Raio do Sul! Raio do Norte!
Crestas na lide ao galo a ovante história;
Do horror a par de ti surge a vitória,
E louros imortais te cinge a morte:

Não com dor, não com ais o trácio nume
No toro funeral te vê lançado,
Em teus olhos extinto o márcio lume;

"Vai (diz) folgar no Olimpo, aluno amado;
O triunfo até qui foi teu costume,
Do que era teu costume eu fiz teu fado."

Ao mesmo assunto

De peito impenetrável sempre ao susto,
Ledo entre as armas, a folgar no p'rigo,
Ó França, teu magnânimo inimigo
Por timbre teu não triunfou sem custo!

Ardendo em glória o coração robusto,
Onde teve o troféu teve o jazigo;
Nélson venceu, venceu por uso antigo,
Mas da vitória foi desconto injusto;

Bem que nadante a Gália em rubro lago
(Domando a morte quem seus brios doma)
Crê reparar com isto imenso estrago:

Ah! Donde um Nélson cai, logo outro assoma;
Assim de heróis privando-te Cartago,
Heróis ferviam no teu seio, ó Roma!

À patria

De Elmano a Musa, que entre imagens vela,
Enquanto, ó Natureza, estás calada,
Carpia do áureo Pluto abandonada,
E Pluto era de bronze aos prantos dela:

De Elmano a Musa, que a memória anela,
Conforma o plectro em dor coa voz magoada;
E dos piedosos sons tu apiedada,
Gemes, ó Lísia, ó mãe suave, e bela:

Qual arde avara sede ante um tesouro,
Pátrio amor ante o metro me flameja,
E o que em verso me extrai, me volve em ouro:

D'alma em torno a sorrir-se a Glória adeja;
E (mercê d'alta Lísia) imune o louro
Entre as sombras letais inda verdeja.

Ao Sr. José Rodrigues Pimentel e Maia (Em retribuição de outro que lhe enviou)

Tu, que tão cedo aventurando as penas,
Ave gentil de Amor, transpões o cume
Dos montes do universo, e nos de um nume
És doce ao choro das irmãs Camenas:

Tu, que dos cisnes as canções amenas
Desatas em dulcíssono queixume,
Sem que o letal, irresistível gume,
Talhe o fio sutil aos sons que ordenas:

Do vate, opresso de íntimo quebranto,
Colhe, ameniza o tom, que em vão forceja
Por ser, qual era, deleitável canto:

Já débil, tíbio já, meu estro adeja;
E entenebrece a mente, e põe-lhe espanto
A morte, que no peito me rouqueja.

Ao Dr. Pedro Inácio Ribeiro Soares
(Em agradecimento a uma ode que lhe dirigiu)

Eu, esse cujos dons medraram tanto
De cultura gentil no brando esteio;
Eu, que da meiga pátria unido ao seio
No afago maternal nutri meu canto:

Vergava ao peso de mortal quebranto,
Quando teu hino, teu milagre veio
De harmonia, de luz, de glória cheio
Minh'alma repassar de um lume santo:

Bem que das Musas docemente amado,
Se temi de uma idade a outra idade
Não poder alongar-me em nome alado:

Cresço em teu estro, sinto-me deidade;
Já, já piso os salões a Jove, ao Fado,
No pavimento azul da eternidade.

Ao Sr. Belchior Manuel Curvo Semedo

Maga lira de Amor, que ao trácio vate
Lá na estância fatal dos ais, do luto,
Deste ameigar o enorme, horrível bruto,
Que no férreo portão braveja, e late!

Lira piedosa, que apiedando Hecate
Colheste em chão da morte um doce fruto!
Revives no áureo plectro ameno, arguto,
Do letal cativeiro alto resgate:

Sim, divino cantor; na sonolenta
Mansão das Parcas, se a gentil consorte
Visses em flor cair, por lei cruenta:

Portas do Orco (arrancando a chave à Sorte)
Desfecharas coa mão de susto isenta,
E outro milagre sofreria a morte.

Ao Sr. Pedro José Constâncio

Cisne gentil, que modulava implume
A furto, a medo pela ismênia areia;
Cisne gentil, que da cerúlea veia
A medo, a furto só roçava o lume;

Plumoso, os magos sons já não resume,
Os voos da harmonia espraia, alteia,
De órgão canoro inspirações gorjeia
(Que no gorjeio se lhe sente um nume!)

Gralhas da Inveja! Ó vós, que em vão danosas,
De intactos nomes extrais veneno,
Tal como a torpe Aracne extrai das rosas:

Deixai níveo cantor brilhar no ismeno;
Deixai, filhas da Noite, aves nojosas
Sorrir-se a Natureza ao canto ameno.

Ao Sr. Henrique Pedro da Costa

Febo na etéreo plaustro onifulgente
(Áureas as rodas, o eixo adamantino)
Clamou do campo imenso e cristalino;
"Honrou-me, ó Natureza, ornar um ente!

No Olimpo (é tal meu jus) me foi patente
O d'alta criação cofre divino;
Vi, não perfeito ainda, o ser de Henrino,
Obtive enriquecê-lo, e dei-lhe a mente."

"Eu dei-lhe o coração, melhor tesouro
(Responde a Natureza ao nume ufano)
E ao teu prefere da virtude o louro;

Transcende na ternura os graus de humano,
E seu canto não só, também seu ouro
Mitiga os males do jacente Elmano."

Próximo aos seus últimos dias

Ave da morte, que piando agouros
Tinges meus ares de funéreo luto!
Ave da morte (que em teus ais a escuto)
Meus dias murcharás, mas não meus louros:

Doou-me Febo aos séculos vindouros,
Deponho a flor da vida, e guardo o fruto,
Pagando em vil matéria um vão tributo,
Retenho a posse de imortais tesouros.

Nome no tempo, e ser na eternidade!
Que fado! Ó ponto escuro, assoma embora,
Dê-me o piedoso adeus comum saudade:

E rindo-me na campa os dons de Flora,
Mais do que eles a adorne esta verdade:
"Lísia cantava Elmano, e Lísia o chora."

A um, que não sabendo nem escrever o seu nome, dizia que os versos do autor eram errados

Cara de réu, com fumos de juiz,
Figura de presepe, ou de entremez,
Mal haja quem te sofre, e quem te fez,
Já que mordeste as décimas que fiz:

Hei-de pôr-te na testa um T com giz,
Por mais e mais pinotes, que tu dês;
E depois com dois murros, ou com três,
Acabrunhar-te os queixos, e o nariz:

Quem da cachola vã te inflama o gás,
E a abocanhares sílabas te induz,
Ó dos brutos e alarves capataz?

Nem sabes o A B C, pobre lapuz;
E pasmo de que, sendo um Satanás,
Com tinta faças o sinal da Cruz!

A Antônio José de Paula, cômico e diretor do teatro do Salitre

Ressurge vesgo e torto o grão Fred'rico,
Mestiço nas feições, crespo em melena;
Tem gesto fanfarrão, alma pequena,
Mas o peito é flamante, o trajo é rico:

Faz caretas ao povo em ar de nico,
Co retrato de um burro avilta a cena;
Pede chá, e café, tinteiro, e pena,
Temo que alguma vez peça o penico!

Estúpido tropel coas mãos o aprova,
Pé merecendo o vândalo guerreiro,
Que avesso do que foi saiu da cova!

Cômico sem-sabor, porém matreiro,
Pedra filosofal de espécie nova
Que torna parvoíces em dinheiro!

Ao Sr. José Ventura Montano
(Rogando-lhe socorro para pagar a renda das casas em que o autor habitava)

Demanda-me usurário senhorio
Do já findo semestre a soma escassa,
E enjoado de esperas, sei que traça
Pôr-me em Janeiro a passear ao frio:

Ele em tais casos para mais tem brio,
Que é homem pé-de-boi, vilão de raça:
Já creio que o mandado extrai, e o passa
A mão ganchosa de aguazil bravio:

Tu, que detestas esta corja horrenda,
Que deveu a ganância inútil sua
Primeiro ao chafariz, depois à tenda:

O avaro alegra, que um semestre amua:
Acode ao caro amigo, antes que aprenda
De cães vadios a dormir na rua.

Ao heroísmo de um frade

(Dispersando com uma tocha os irmãos terceiros, que numa procissão disputavam preferências)

Qual tropa regular, a fradaria
Investe a sacra, estúpida ordenança:
A Paz, filha do Céu, calada e mansa
Dos coices, das patadas se desvia:

Preside alto Furor à lide impia,
De serpes infernais toucada a trança;
Pançudo frade borra a tudo avança;
O furor marcial nos sócios cria;

De um círio desenvolve heroicos feitos;
Deste rompe o nariz, daquele a capa,
Adeus, ombros; adeus, olhos, e peitos!

Do sacro frenesi ninguém lhe escapa...
Oh, que bem do Alcorão cumpre os preceitos
O revoltoso exército do papa!

Numa excursão que fez a Setúbal, encontrando aí numa casa certos trastes, que tinham sido de seus pais

Trastes cediços, móveis de outra idade,
De meu primeiro avô mimo e ventura,
Eu vos saúdo, já que a desventura
Tanto respeita vossa dignidade:

Nem tu me esquecerás, ó raridade,
Leito, que cerca horrível bordadura!
Tu, que juraste pela Estige escura
Mijar na cova à mesma eternidade!

Ah! Não se atreva braço aventureiro
De incansável algoz, que o mundo arrasa,
Quebrar dos tempos o brasão primeiro!

Longe, incêndio voraz, que tudo abrasa!
Tenham meus descendentes sem dinheiro
A *História Natural* sempre de casa.

Glosando o mote:
"Das almas grandes a nobreza é esta"

Apertando de Nise a mão nevada,
A furto lhe pergunto: "De mim gosta?"
Cala-se Nise, e manda-me a resposta
Nas asas de estrondosa bofetada!

"Que é isso?" grita a mãe. "Senhora, é nada",
Lhe responde com voz branda e composta:
Ferve sussurro aqui, e à parte oposta
Rebenta insultadora pateada:

"Calai-vos (lhes gritei) homens estultos!
Achei Nise, guardando o lume a Vesta,
Quando julguei que a Amor rendia cultos.

Sou nobre! Sou herói! Vamos à festa!
Amar, e por Amor sofrer insultos,
Das almas grandes a nobreza é esta."

Retrato próprio

Magro, de olhos azuis, carão moreno,
Bem servido de pés, meão na altura,
Triste de face, o mesmo de figura,
Nariz alto no meio, e não pequeno:

Incapaz de assistir num só terreno,
Mais propenso ao furor do que à ternura;
Bebendo em níveas mãos por taça escura
De zelos infernais letal veneno:

Devoto incensador de mil deidades
(Digo, de moças mil) num só momento,
E somente no altar amando os frades:

Eis Bocage, em quem luz algum talento;
Saíram dele mesmo estas verdades
Num dia em que se achou mais pachorrento.

Segundo retrato

De cerúleo gabão, não bem coberto,
Passeia em Santarém chuchado moço,
Mantido às vezes de sucinto almoço,
De ceia casual, jantar incerto:

Dos esburgados peitos quase aberto,
Versos impinge por miúdo e grosso;
E do que em frase vil chamam caroço,
Se o quer, é *vox clamantis in deserto:*

Pede às moças ternura, e dão-lhe motes!
Que tendo um coração como estalage,
Vão nele acomodando a mil pexotes:

Sabes, leitor, quem sofre tanto ultraje,
Cercado de um tropel de franchinotes?
É o autor do soneto — é o Bocage!

Feito num intervalo da sua final moléstia

Se eu pudera ir de tralha, ir à surdina
Por aí! Forte sede, e forte gana
De zurrapa, de atum, de ti, chanfana,
De ti, que dos pingões és gulosina!

Que tempo em que eu com súcia, ou grossa, ou fina,
Para a Tia Anastácia (a tal cigana)
Ia, e vinha depois coa trabuzana
A remos, no mar roxo, ou à bolina!

Quando hás-de consentir, cruel Fortuna,
Ao magro, de olho azul, de tez morena
O bem de andar a flaino, e de ir à tuna?...

Mas ai! Maldito som, que me condena!
Diz, ó Fado, ao besouro, que não zuna ...
Aí me chama algum — *Alma pequena!*

Análogo ao antecedente

Chalaça minha, que chibavas tanto
Na súcia dos tafuis! És uma feia;
Deixas-me andar talvez por língua alheia,
Ou lá não sei por onde, e eu cá num canto!

Vem para casa, vem, que me ataranto
Sem te ver ao jantar, sem ver-te à ceia;
Da enferma história minha urdindo a teia,
Dê-se a folguedo o que se deve ao pranto:

Contém-se o *vai melhor* e o *não é nada:*
Secos *bons-dias* da hiperbórea mana,
E a roda-viva da vivaz criada:

Amoleça-se o fel da vida humana,
Até que a morte, de broquel e espada,
Nos leve à cortesia até Pantana.

A F. Galina
(Diálogo)

Perg. Quem é este boneco empertigado
De laçarão ao peito, e farda ruça?
Resp. É um, que em solo inglês escaramuça,
E arranha na bandurra o seu bocado.

Perg. É nobre? *Resp.* O seu solar, e o seu morgado
Tem no gasto capote, em que se embuça.
Perg. De que vive? Que faz? *Resp.* Geme, e soluça,
E de amantes paixões anda mirrado.

Perg. E há moça que o afete? *Resp.* Olé, quarenta;
E uma (de aspecto mau) tanto o cobiça,
Que cedo a mão na igreja lhe apresenta:

E para a brincadeira, em que é noviça,
Dão-lhe lições a tia bolorenta,
A carunchosa avó, e a mãe cediça.

Soneto

Tudo acaba: esse monstro carrancudo,
Prole do Averno, efeito do pecado,
Tudo a cinza reduz, brandinho irado
Com sanguinosas mãos o ferro agudo:

Ó fatal desengano, horrendo e mudo,
Em pavorosos mármores gravado!
Ó letreiros da morte! Ó lei do fado!
É verdade, é verdade: acaba tudo.

Eis o nosso misérrimo destino;
Assim o ordena quem nos Céus impera:
Basta, adoremos o poder divino.

Reprime os passos, caminhante, espera;
E no epitáfio do infeliz Josino
Lê o teu nada, o que tu és pondera.

Odes

A gratidão

(Oferecida ao Sr. Lázaro da Silva Ferreira,
desembargador da Casa da Suplicação,
e governador interino de Macau)

Ao som confuso da celeuma os nautas,
Às duras barras arrimando os peitos,
O cabrestante, que emperrado geme,
Rígidos volvem.

Galerno as asas transparentes bate
Nos azuis prados onde o Sol passeia;
Içam-se gáveas, e do fundo a curva
Âncora sobe.

Amenos campos, agradável clima
Onde o meu Tejo por areias de ouro,
Por ente flores murmurando, e rindo,
Límpido corre.

Paternos lares, que saudoso anelo,
Sacros Penates, que de longe adoro,
Suave asilo, que perdi vertendo
Lágrimas ternas.
Eu torno, eu torno por Amor guiado.
Exposto à fúria dos tufões; dos mares;

Eu torno, eu torno para vós; ouviu-me
    Júpiter alto.

Do formidável tribunal supremo,
Ante quem pasma a Natureza, e donde
Os nossos crimes, as virtudes nossas
    Íntegro julga:

Do trono eterno, que as estrelas calca,
Trono adorável, cuja luz divina
Os próprios olhos imortais, que o cercam,
    Trêmulos sofrem;

Às mestas preces da minh'alma aflita
O Deus dos deuses anuiu clemente,
E em rósea nuvem pelos ares desce
    Nítido Gênio:

Purificando com sorriso o dia,
Afáveis olhos para mim volvendo,
Me diz: "Não chores, ó mortal não chores:
    Mísero, basta.

Dos orbes de ouro inumeráveis baixo
A suforcar-te as clamorosas queixas;
Teus bruscos dias vão trocar-se em ledos
    Prósperos dias."

Disse o brilhante cortesão de Jove
(Era a Piedade) que a rubra nuvem
Abrindo os ares, mais veloz que os ventos
    Súbito foge.

Varão sublime, tu, ouvindo os ecos
Do mensageiro do inefável númen,
Ardes em glória, para mim teu rosto
    Plácido voltas.

Eis os sorrisos, que a Tristeza amarga
De vós banira com decreto horrendo,
Ei-los de novo sobre vós, ó minhas
Pálidas faces.

Clama, não cesses, Gratidão, não cesses;
Sê minha musa, Gratidão, virtude
Que desconhecem, desacatam, mancham
Sórdidas almas.

Lembrem-te as feias, ululantes Fúrias
Postas em torno de meu berço infausto;
Das ígneas fauces contra mim vibrando
Hórrido agouro;

Lembrem-te os males, as terríveis ânsias
Que este sensível coração farparam;
De férreos peitos, que sem dó me ouviram,
Lembra-te, ó deusa!

Se eu vou nas aras dos Penates caros
Pendurar votos, consumir incensos,
Depositando sobre a lísia praia
Ósculo grato;

Se as inocentes, fraternais carícias
Vou cobiçoso recobrar na pátria,
Em cuja ausência fugitivas horas
Séculos julgo:

Se as cãs honradas vou molhar de pranto
Ao sábio velho, que me deu coa vida
Os seus desastres, por fatal, por negra
Lúgubre sina:

Se estou já livre da cruel Desgraça,
Que nas entranhas me enterrava os dentes,

Bem como a Tício nos Infernos morde
Sôfrego abutre;

Tudo a ti devo, ó benfeitor, ó grande,
Que a roçagante, venerável toga
Mais venerável pelos teus preclaros
Méritos fazes.

Tudo te devo: a gratidão não sofre
Que teus favores generosos cale;
Julga tu mesmo se o silêncio é crime,
Árbitro excelso.

Aos estrelados, aos cerúleos globos
Sempre em meus hinos subirá teu nome,
Enquanto o golpe me não der ao fio
Átropo crua.

Ó céus! Ó fados! conservai Ferreira;
São necessários os heróis ao mundo;
E tu, ferrolha os procelosos monstros,
Éolo amigo.

Ao Sr. José Bersane Leite

Euro, batendo as asas procelosas,
    O pélago intumesce;
Medonhos escarcéus de fofa espuma
    Às nuvens se arremessam;
Do trovão, do fuzil o estrondo, o lume
    Atroa, e cresta os ares,
Hórrido aos olhos, hórrido aos ouvidos;
    Lutam coa vaga enorme
Afrontados baixéis, no Tejo arfando;
    Ao repelão frequente
Resiste apenas a robusta amarra.
    Oh, que terror semeia
O tumulto, que o mar, e o céu revolve!
    Lá negreja no ocaso,
De espectros ladeada, a Noite horrenda!
    Lá desce, lá caminha,
E envolve manso e manso a Natureza
    No véu caliginoso.
O crime velador, a audaz ternura
    A saúdam, risonhos:
Ávida turba com silêncio cauto
    Meios e ardis traçando,

Lhe espreita os passos, lhe calcula as horas;
A frágil posse anela
Desses ídolos vãos — ouro, beleza —
Tão fatais, tão queridos!
Ó venturoso, tu, que, rodeado
De cândidos prazeres,
Nos lares teus, nos lares da virtude,
Ora em êxtase doce
Pendes do cisne, que as meândrias águas
Ao sacro Tibre invejam;
Ora todo te dás ao som divino,
Às liras milagrosas
Do meu Tiônio, do atilado Eurindo,
De Leucácio fecundo,
Que, acesos despregando ao estro as asas
Pelo cerúleo vácuo,
O Sol transcendem, somem-se nos astros,
Do Fado a névoa rompem,
Mistérios sondam, maravilhas palpam;
Enquanto o zoilo inerte,
Cego ao rastro, ao fulgor, que pelos ares
O árduo voo assinala,
Morde, e remorde as víboras do seio,
Pragueja, brama, escuma;
A cólera de Jove antes quisera,
E ir, despojo do raio,
Arder coas Fúrias, ulular no Inferno,
Ouvir troar Sumano,
Que sofrer o clarão da glória alheia.
Feliz, feliz mil vezes
Tu, meu Josino, que à verdade afeito,
Nunca do exímio vate,
Do herói, do sábio o crédito escasseias!
Não figuras, não sonhas
No mérito dos mais o teu desdouro;
Às paixões sobranceiro,
Ao jugo da razão vontade presa;

Do autor distingues o homem:
Se espírito falaz coa vil calúnia
Enevoar teus dias,
E se as Musas de si lhe deram tanto,
Que emboque épica tuba,
Que o som da eterna Ilíaca renove,
Dirás, dirás absorto:
"Na voz, que me feriu, revive Homero!"
Exemplo venerando!
Raros o seguem, se o proclamam todos.
Mas vive tu, Josino,
Vive coa glória, coa perpétua glória,
Que ao grave exemplo quadra;
Só com ela porém medrar teu nome
Não deve entre os famosos;
Teu gênio lide, esmere-se a tua alma
Na próvida cultura
Do monte augusto: admirem-te os que admiras;
Sê mais fiel, mais grato
Às musas, que te querem, que te acenam,
Que os louros te cultivam;
Não temas, não fraquejes; voa e canta
Além do vulgo insano;
Estátuas e padrões consome o tempo,
Desaba o serro anoso,
Perece o ferro, o bronze, e versos vivem.
Para cantar de amores
Suave inspiração lá tens nos olhos,
Nas ondeadas madeixas,
No riso ingênuo da louçã Ritália,
De Anarda encantadora:
Para cantar de heróis, que à pátria deram
Não cuidadas vitórias,
De sangue, de suor, de pó manchados,
Forçando o mar, e a terra,
Lê Camões, lê Camões, com ele a mente
Fertiliza, afervora,

Povoa, fortalece, apura, eleva;
    Que o malfadado Elmano
Em tosco domicílio, onde o sopeiam
    Carrancudas tristezas,
Afaz o lutuoso pensamento
    Ao fantasma da morte;
Mantém na solidão, no horror das trevas
    Reflexões amargosas,
E vê na confusão da Natureza
    O quadro da sua alma.

Ao Ex.$^{\underline{mo}}$ Sr. Luís de Vasconcelos Sousa Veiga Caminha e Faro, etc.

Musa de Elmano, que giraste aflita
        Por inóspitos mares,
Onde curtiste os sopros, que de Éolo
        Os rápidos ministros
Vibram das frias procelosas fauces;
        Ó fiel companheira
De meus prazeres vãos, meus longos males,
        Afinemos a lira
De lágrimas inúteis orvalhada;
        A lira maviosa
Que as roucas tempestades, cor do Inferno,
        E o raio pavoroso
Para longe de nós afugentara.
        Se da tórrida zona
Os bárbaros e adustos moradores
        Surdos, férreos ouvidos
Para teus sons harmônicos tiveram;
        Se a loquaz Ignorância
Sobre as margens auríferas do Ganges
        Cum sorriso afrontoso
As vis espadas te voltou mil vezes;
        Se a vasta, a fértil China,

Fofa de imaginária antiguidade,
    Pelo seu pingue seio
Te viu com lasso pé vagar mendigo;
    Se a mirrada Avareza
Aferrolhando os cofres prenhes de ouro
    Lá onde o Solo gera
Foi mais dura que mármore a teus versos;
    Se até agora a Desgraça
De espessa névoa carregou teus dias,
    E qual a inseparável,
Continua sombra, perseguiu teu passo;
    Eis a hora, eis a hora
Que o grão Jove remiu a turva série
    Dos teus lúgubres anos
Para princípio da feliz mudança
    Que destina a teu fado.
Tu pois, de rubra cor tingindo a face
    Que as mágoas desbotaram,
Tateia, ó Musa minha, as tênues cordas:
    Olha a leda Esperança,
Universal tesouro; ei-la apontando
    Para a pomposa estância
Do singular varão, do herói sublime
    Que as virtudes laureiam.
Entremos pelo pórtico espaçoso,
    Onde jaz a piedade
Pronta a dar acolheita aos infelices,
    Eia, Musa, tentemos
Os marmóreos degraus... eia, subamos
    Ao brilhante aposento
Do ilustre Vasconcelos, cujo nome
    De clima em clima a Fama
Por cem bocas alígera semeia:
    Vasconcelos, que ainda
Na dilatada América opulenta
    Pela intacta Justiça,
Pela terna Saudade é suspirado:

Vasconcelos, aquele
Que de um sorriso, ó Musa, honrou teu canto
Lá na tépida margem
Do límpido Janeiro, que a cerúlea
Gotejante cabeça
Tantas vezes alçou da vítrea gruta
Para urdir-lhe altos hinos
Entre o coro das mádidas Nereidas:
Vasconcelos, o grande,
O sábio, o justo, o benfeitor, o amigo
Dos que a cega Fortuna
Com despótica mão na roda errante
A seu capricho agita,
A seu... porém que vejo! Excelso objeto,
Venerável semblante,
Herói, prole de heróis, eu te saúdo,
Como o pálido nauta
Que, descalços os pés, as mãos erguidas,
Curvados os joelhos,
Perante o Rei dos reis, o Deus dos deuses,
Crebras graças lhe envia,
E sobre os sacros mármores do templo
O roto pano estende,
Salvo das fúrias do terrível Bóreas!
Eu te saúdo, ó alma
Que brilhas entre as mais, qual entre os astros
A noturna Diana,
Quando com plena luz o argênteo rosto
Aos mortais apresenta!
Senhor, teus olhos compassivo abaixa
Para o lânguido objeto,
Que a má ventura te arremessa às plantas.
Em vão cansei té agora
Com ais o Céu, com lágrimas a terra:
O almo calor divino
O milagroso dom, que a raros cabe,
Que do lôbrego Inferno

As férreas portas hórridas arromba
    E que das mãos a Dite
Rouba as Tenáreas chaves, o ígneo cetro,
    Enternecendo as Fúrias,
Adormentando o cão de três gargantas,
    Já seu mágico efeito
Não produz nos mortais; de todos eles
    Só tu, só tu me restas.
Ah! Punjam-te meus ais, meus ais te firam;
    Doura, doura a pesada
Negra cadeia de meus tristes dias
    Condenados ao pranto,
Que poder contra ti não tem meu Fado.
    Em magníficas mesas
Lautos festins o paladar cobice
    Do voraz parasito:
A precisa, a saudável temperança
    Sacrificar deseje
A perniciosa guia; anele embora
    Áureas taças fragrantes
Do itálico falemo, e cíprio néctar,
    Embora o bruto avaro
Vele junto do cheio, inútil cofre,
    Do cárcere precioso.
Onde tem sepultada a vã riqueza;
    Nutra-lhe a fome insana,
Ceve-lhe os olhos o reflexo do ouro,
    Seu ídolo, seu tudo;
Que eu só quero, senhor, obter o asilo
    Que dás aos desgraçados,
Que me deves também, pois tal me observas.
    Do teu favor o escudo
Rechace os golpes, que me vibra o Fado;
    Com força mais que humana,
Qual de Palas a égide impenetrável,
    Petrifique as sanhudas
Horrendas mãos da acérrima Desgraça,

Contra mim prontas sempre.
Das garras da Penúria desarreiga
O infeliz, que te invoca;
Se é possível crescer teu vasto nome,
Só assim o acrescentas.

À Santíssima Virgem a Senhora da Encarnação

Acatamento em si e audácia unindo,
Sobre o jus de imortal firmando os voos,
A impávida Razão, celeste eflúvio,
        Se eleva, se arrebata.
Por entre imensa noite e dia imenso
(Mercê do condutor, da Fé, que a anima)
Sobe de céus em céus, alcança ao longe
O grão Princípio dos princípios todos.

Além do firmamento, além do espaço
Que, por lei suma, franqueara o seio
A mundos sem medida, a sóis sem conto,
        Imóvel trono assoma:
De um lado e de outro lado é todo estrelas;
Vence ao diamante a consistência, o lume;
Absortos cortesãos o incensam curvos,
Tem por base e dossel a eternidade.

Luz, de reflexos três, inextinguível,
Luz, que existe de si, luz de que emanam
A natureza, a vida, o fado, a glória,
        Dali reparte aos entes

Altas virtudes, sentimento augusto;
Aos entes, que na Terra extraviados,
Das rebeldes paixões entre o tumulto
Ao grito do remorso param, tremem.

Filho do Nada! Um Deus te vê, te escuta!
Seus olhos imortais do empíreo cume
(Aos teus imensidade, aos d'Ele um ponto)
        Atentaram teus dias,
Teus dias cor da morte, ou cor do Inferno;
De alma em alma grassando a peste avita;
Hálito de serpente enorme, infesta,
Da primeva inocência a flor crestara:

Aos dois (como Ele) do Universo origem
Diz o Nume em si mesmo: "O prazo é vindo;
Cumpra-se quanto em nós disposto havemos."
        Eis o Espírito excelso,
Radiosa emanação do Pai, do Filho,
Mística pomba de pureza etérea,
À donzela Idumeia inclina os voos,
Pousa, bafeja, e diviniza o puro.

Tu, Verbo, sobrevéns; aérea flama
Com tanta rapidez não sulca o Polo!
Eis alteado o grau da humanidade,
        Eis fecunda uma virgem:
A redenção começa, o Deus é homem.
Da graça, da inocência, ó paz, ó risos,
Do Céu vos deslizais, volveis ao mundo!
Caí, torres de horror, troféus do Averno!

Que estrondo!... Que tropel!... Ao negro abismo
Que desesperação revolve o bojo!...
Para aqui, para ali por entre Fúrias
        O sacrílego monstro,
O rábido Satã em vão blasfema.

Lá quer de novo arremeter ao mundo;
Mas vê rapidamente aferrolhado
O tartáreo portão com chave eterna.

Enquanto brama, arqueja, enquanto o fero
Morde, remorde as mãos, e a boca horrenda
(As espumas veneno, os olhos brasas)
        Mulher divina exulta;
Celestial penhor, que os anjos cantam,
Que as estrelas, que o Sol, que os Céus adoram,
Virgem submissa, mereceu na Terra
Circunscrever em Si do Empíreo a glória.

Salve, oh! Salve, imortal, serena Diva,
Do nume oculto incombustível sarça,
Rosa de Jericó por Deus disposta!
        Flor, ante quem se humilham
Os cedros, de que o Líbano alardeia!
Ah! No teu grêmio puro amima os votos
Aos mortais de que és Mãe: seu pranto enxugue,
Seus males abonance um teu sorriso.

Ao Ex.$^{\underline{mo}}$ Sr. José de Seabra da Silva

(Ministro e secretário de Estado
dos Negócios do Reino, etc.)

Do Lácio portentoso e d'alta Grécia,
Tenaz memória minha,
Os fastos, os anais em vão resolves;
Em vão me representas
Sócrates devorando entre os alunos
A venéfica planta
Com repousado aspecto imperturbável:
Além Régulo entregue
A raivas brutas da feroz Cartago,
Dando em longos tormentos
À Natureza horror, trabalho à morte:
Aqui o estoico invicto,
O ríspido Catão, brandindo o ferro,
Lacerando as entranhas,
Na glória abstrato de morrer com Roma.
Que presta ao mal o exemplo?
Refletir, e sofrer, quanto diferem!
Por haver desgraçados
Sou menos infeliz, sou menos triste?
E se o sábio de Atenas,
O oráculo moral, ao termo infausto
Volveu olhos tranquilos;

Se avesso a César o Uticense austero
        Sufocou agras dores
No ardor, na fúria, na aversão, no orgulho,
        Ou talvez na virtude;
Se em garras de leões com visos de homens
        Transpôs a humanidade
O aprisionado herói no atroz suplício;
        Todos, ah! Todos viam
Dentre o ponto mortal surgir-lhe a fama:
        Em padrão venerando
Dar-lhe eterno caráter, nome eterno.
        À sã posteridade
Ouviam de antemão denominá-los
        Mártires da calúnia,
Alvos da inveja, vítimas da pátria.
        A mim, desventurado,
Num cárcere cruel envolto em sombras;
        A mim, curvo, abatido
Ao peso do grilhão, da injúria ao peso,
        Ente vulgar, inútil,
De mil tribulações, que recompensa,
        Que futuro me resta?
A Desesperação meus fados cinge
A meu peito afanoso;
Eis férvido tição, roubado às Fúrias,
        Arremessa ululando;
Eis... mas céus! Que visão! Que luz! Que assombro!
        Cândida imagem leda
Me abala o coração, me encanta os olhos!...
        És quimera, ou deidade,
Sócia dos numes, ou ficção da ideia,
        Tu, que benigno raio
Derramas neste horror, neste amargoso
        Domicílio dos males?...
Ah! Tens etéreo ser, em ti rutila
        O reflexo de Jove!
Mas dignas-te de vir ao triste seio

De medrosa masmorra?...
Habitantes do Céu brilhar no abismo!...
Atraiu, porventura,
Encaminhou talvez aqui teu voo
O não raro acidente
De estar sem crime habitação de crimes?
Tu vês, ente celeste,
Tu vês meu coração: não é perjuro,
Não cruel, não ingrato.
Ama o dever, a probidade, a honra,
Dá hinos à virtude,
Aos altares incenso, aos sólios culto ...
Ah! Que doces lembranças
Teu ar aprovador me acorda n'alma?
Das trevas o costume
Quanto me confundia a vista escassa?
Já outrora a meus olhos
Tua face luziu, já foste outrora
Meu refúgio, meu nume.
Santa Beneficência! És tu, que afagas
A desventura minha,
Da desesperação tu vens salvar-me
Coa ridente esperança,
Tesouro de infelizes, dom do eterno!
Ah! Tu, que em mim restauras
A maciça constância, o férreo escudo
Contra os golpes do Fado,
Meu númen tutelar, não dês ao Tempo,
Azo não dês aos males
De aviltar-me outra vez, de unir-me à terra
A descaída fronte;
Em benefício meu de mim te aparta,
Grato lugar demanda,
Lugar digno de ti, sagrada estância
Do perfeito heroísmo,
Da glória, que não é romper muralhas,
Tragar a Natureza,

Ou nutrir ilusões, dar vulto ao nada:
    Mas em jugo macio
Docemente prender geral vontade;
    Idear que prospere
Mais o público bem, que o bem privado;
    De áureo, sacro volume,
Volume da Razão, que luz no trono,
    Transcrever puramente
Leis amigas do Céu, do mundo amigas.
    No lugar, que te aponto,
Conheces, deusa, de Seabra os lares,
    Seu louvor no seu nome,
Na glória, que descrevo, a glória sua.
    Ao penetral brilhante
Onde os influxos teus dos astros descem,
    Leva o quadro funesto
Das minhas opressões, dos meus desastres;
    Roça com ele o peito
Do preclaro varão, que aflito invoco;
    Deploráveis objetos
N'alma piedosa o sentimento apuram;
    Sejam, sejam remidos
Pela destra eficaz do herói prestante
Meu prazer, meu repouso,
A mente, a liberdade, a luz e a vida
    Neste horror sufocadas.

Ao mesmo senhor

Fantasmas do Terror, sócios funestos
Do queixoso Infortúnio,
Tristes combinações, verdugos d'alma,
Já não sois meus tiranos.
Descei, filhas do Céu, tornai-me a lira,
Tornai-me o dom sagrado;
Meus dedos, quase inertes de ociosos,
Pelos canoros fios
Cos apolíneos sons de novo atinem,
Achem de novo a glória.
Celeste viração, que a mente humana
Fecundas, purificas,
Estro brilhante, criador dos hinos,
Dissipa imagens turvas,
De agra tristeza desvanece o rasto
No espírito do vate,
À sombra dos altares acolhido.
A estrídula corrente,
O peso infamador aqui não soa;
Aqui não soam mágoas
Da vexada Inocência lamentosa,
Nem do Crime oprimido

Atroz blasfêmia desafia o raio.
    Aqui reina a Virtude,
A fagueira Piedade acode ao pranto,
    Tempera a desventura.
Mais do que em todos, neste asilo augusto
    Como que estás soprando
Ó pura, salutar, vivificante
    Respiração de Jove!
Já da semente, que afogavam medos,
    Surgem frutos viçosos,
Em que os heróis a eternidade gostam;
    D'alma rebentam versos,
Versos, que vão luzir, votiva of'renda,
    Da Gratidão nas aras.
Tu, Seabra imortal, meu canto acolhe,
    Como os ais me acolheste;
Constrangendo a modéstia, anui ao voto.
    No idioma de Febo
Dá que em teus vivas minha voz se inflame;
    Que das Musas o aluno
Grato aos influxos da clemência tua,
    A teu caráter grande
Padrões erija, que não rói a idade.
    Horas há portentosas,
Em que da vil matéria desatado,
    Sem que o desligue a morte,
Além da Natureza adeja o vate:
    De encarar no vindouro
O dom foi agregado ao estro santo;
    Para os filhos de Apolo
Privilégios não tem, nem véus, nem sombras
    O imutável Destino.
Num ígneo turbilhão correndo a mente
    Aos penetrais eternos,
Em lâminas de bronze olhei teus fados
    Com mudo acatamento.
Dado me foi também colher futuros

Para amáveis penhores
De que o doce Himeneu te fez mimoso.
É da Sorte decreto
Que as vergônteas gentis vicejem tanto,
Como a planta, que as nutre:
Em não remota idade ornando a pátria,
Na fama reluzindo,
Heróis produzirão, que heróis produzam.
Não se alucinam vates;
Mil glórias te hei previsto à clara estirpe!
Brilhará, como brilhas,
E de igual permanência estão fadados
O universo, e teu nome.

À célebre atriz e cantora veneziana Elisabeta Gafforini

Son charme s'insinue au fond de notre coeur.

Vós, que o campo sulcais das níveas Ursas,
        Vós, íncolas da Aurora,
Moradores das plagas de Colombo,
        Moradores da Líbia,
Voai, voai do luso ao vasto empório,
        E aos pés de Gafforini
Derramai de Pancaia essências pias.
        Nessa torreada estância
Das vagas adriáticas cingida,
        Onde Erídano rende
Humilde vassalagem ao deus equóreo,
        Desde os primeiros dias
Talia lhe embalou o tenro berço,
        E nas mimosas plantas
Benigna lhe ajustou cômicos socos.
        As seminuas Graças,
Os Prazeres, os Risos, os Amores
        Por ordem de Ericina
Foram da sua infância os sócios fidos;
        E no bicórneo monte
O dulcíssono filho de Latona
        Entre as celsas Camenas

Um trono lhe prepara aurifulgente,
Onde esta semideusa
Deixando a Terra colocar-se deve:
Mas os aplausos nossos
Não roubes, Gafforini, teus encantos,
E desdenhando altiva
O que te aguarda laureado sólio,
Aos teus fúlgidos olhos
Sejam mais grato sólio os nossos peitos.
Manda neste planeta;
Tu podes com teu canto endeusá-lo,
E o solo, que trilhares,
Será rival do bipartido cume.
Satélite de Marte,
Que desolando o Globo, o Globo cruzas,
Ante a recente Musa
Depõe curvado o crepitante raio,
E sua voz ouvindo
Derrama o pranto, que arrancaste ousado
Dos rendidos castelos.
A Ônfale imitando, Ônfale nova,
Rebata Gafforini
Do hercúleo punho a formidável clava,
Que das alvas paredes
Do templo do Renome suspendida,
Deve atestar aos evos
Que uma ninfa pisou os férreos dardos
Da púnica Belona.
Virão alunos da piéria escola
Que em grandíloquo metro
Difundirão no mundo estupefato:
"Uma rival do Pindo;
Pisando os pavimentos de Talia,
Encheu de assombro outrora
No Olimpo os imortais, na Terra os homens
Com seu mole sorriso
O brônzeo misantropo exultou, ria;

Com seus mestos suspiros
No peito os corações se espedaçavam;
E os ditosos, que a viam,
Do resto do universo se esqueciam.
Ela manejou destra
As dos afetos complicadas molas,
E, sem que vacilasse,
Largando as serpes da sanguenta Alecto,
Nos vergéis de Citera
Coas aljavas de Amor meiga brincava."
Dirão; e os meus vindouros
Lhe hão-de erigir altares sobre altares.
Dizes, inflado argivo,
Que o Hemo se abalava à voz do Trácio,
E não sabes que o Hemo,
E a massa ingente do soberbo Atlante,
Se Gafforini vissem
Extáticos seus passos seguiriam?
Ah! Ouve, ouve a sentença
Que roubei dos arquivos do Destino:
— Morrerão teus heróis,
Tu mesma morrerás, vaidosa Grécia;
Mas esta italiana
Seus fogos, e seu nome eternizando,
Há-de embotar o gume
Da cortadoura foice das idades.

Ao Sr. Nuno Álvares Pereira Pato Moniz

Carminibus quaero miserarum oblivia rerum.
OVÍDIO

Já meu estro, Moniz, apenas solta
Desmaiadas faíscas,
Em que as frouxas ideias mal se aquecem;
Elmano do que há sido
Qual no gesto desdiz, desdiz na mente:
Diástole tardia
Já da fonte vital me esparge a custo
O licor circulante,
Que é rosa entre os jasmins de virgem face;
Que outrora esperto, aceso
De santa agitação, de ardor sagrado,
No cérebro em tumulto
(Estância então de um deus!) me borbulhava.
Respiração divina,
Entusiasmo augusto, alma do vate!
Que rápidos portentos
Portentos em tropel, não deste à Fama,
Não deste à Natureza,
À Pátria, ao Mundo, a Amor na voz de Elmano!
Ora aplanando os sulcos
Com que a satúrnia mão semblantes lavra,
A Razão pensadora

Erguia aos graves sons o grave aspecto;
Ora, ao ver-se anteposto
Por deleitosa insânia, a ela, a tudo,
O grato, cíprio númen
Fadava docemente o doce canto
No coração de Anália.
Ó êxtase, ó relâmpagos da glória!
Faustos momentos de ouro,
Com que meu grau comprei na eternidade!
Do tempo meu voando,
Do tempo, que anuviam negros males,
Brilhais ainda em minh'alma,
Entre sombrias, áridas ideias,
Qual entre aves escuras
(Órgãos do agouro, intérpretes da morte)
Requebros arrulando
Das aves de Citera o coro alveja!...
Mas, ah, saudosos dias,
Vós sois memória só, não sois influxo!
Não me reluz convosco
O espírito, abismado em fundas trevas,
Com gasto, débil fio
Preso a matéria vil, que ralam dores!
Ante meus olhos tristes
(Que já d'amiga luz se despediram)
Sai da eterna voragem
Vapor funéreo, que exalais, ó Fados!
Eis meu termo negreja,
Eis no marco fatal meu fim terreno!...
Mas surgirei nos astros
Para nunca morrer; com riso impune
Lá zombarei da Sorte.
Moniz, ó puro amigo! Ó sócio, ó parte
Do já ditoso Elmano!
Às Musas, como a mim suave, e caro!
De lágrimas e flores
Honra-me a cinza, o túmulo me adorna.

Não só longa amizade,
Novo, sacro dever te exige extremos:
Da lira minha herdeiro
Meu nume Febo, e teu, te constitui;
Febo após mim te augura
Vasto renome, que sobeje aos evos:
(É dos anos vantagem,
Não vantagem do engenho a precedência)
Teu metro majestoso
Que já todo fulgor, zoilos deslumbra,
Teu metro cintilante
Das Virtudes mimoso, aceito às Graças.
Turvem saudades: canta
Alguma vez de Elmano, e chora-o sempre,
E Amor, e Anália o chorem:
Amor, e Anália, meus piedosos numes,
Sem mim, por mim suspirem.

Canções

O ciúme

Agora, que ninguém vos interrompe,
Lágrimas tristes, inundai-me o rosto,
Mais do que nunca; assim o quer meu fado:
Enquanto o gume de mortal desgosto
Me não retalha os amargosos dias,
Debaixo destas árvores sombrias
Grite meu coração desesperado,
    Meu coração cativo,
Que só tem nos seus ais seu lenitivo.

Alterosas, frutíferas palmeiras,
Vós, que na glória equivaleis aos louros,
Vós, que sois dos heróis mais cobiçadas
Que áureos diademas, que reais tesouros,
Escutai meus tormentos, meus queixumes,
Meus venenosos, infernais ciúmes;
Ouvi mil penas, por Amor forjadas,
    Mil suspiros, mais tristes
Que todos esses, que até'qui me ouvistes.

Aqueles campos, aprazíveis campos,
Que além verdejam, de meu mal souberam

A desgraça, mas suave origem:
Ali de uns olhos os meus ais nasceram;
Ali de um meigo, encantador sorriso,
Que arremeda o sereno paraíso,
Brotaram mil infernos, que me afligem,
    Que as entranhas me abrasam,
Que meus olhos de lágrimas arrasam:

Ali de uns lábios, onde as Graças brincam,
Ouvi suspiros, granjeei favores,
Ali me disse Anarda o que eu não digo;
Ali, volvendo os ninhos dos Amores,
Cravou nest'alma, para sempre acesa,
As perigosas frechas da beleza;
Ali do próprio mal me fez amigo,
    Ali banhou meu rosto
Parte do coração, desfeita em gosto.

Novas campinas testemunhas foram
De nova glória, de maior ventura,
Tal, que julguei, logrando-a, que sonhava:
Entre as doces prisões da formosura,
Entre os cândidos braços deleitosos,
Meus crestados desejos amorosos
No alvo rosto, que o pejo afogueava,
    No néctar... ah! Que eu morro,
Se em vós, furtivos êxtases, discorro!

Amor! Amor! Teus júbilos excedem
Da loura abelha os engenhosos favos,
Mais gratos são que as flores teus sorrisos:
Gostei todos os bens, que aos teus escravos
Fazem tão leve a rígida cadeia,
Tão doce a chama, que no peito ondeia:
Mas, oh! Cruéis teus dons, cruéis teus risos,
    Princípio do tormento,
Que já me tem delido o sofrimento.

Miserável de mim! Qual o piloto,
Que lera nos azuis, filtrados ares
Indícios de uma sólida bonança,
E eis que vê de repente inchar os mares,
Vestir-se o céu de nuvens, donde chove
O fogo vingador, que vibra Jove;
Tal eu, quando supus mais segurança
        No meu contentamento,
O vi fugir nas asas de um momento.

Anarda, Anarda pérfida, teus olhos,
Onde Amor traz escrita a minha sorte,
Teus mimos por mim só não são gozados!
Ó desesperação, pior que a morte!
Ó danados espíritos funestos,
De hórridos vultos, de terríveis gestos,
Moderai vossa queixa, e vossos brados,
        Que as penas do profundo
Também, também se encontram cá no mundo!

Ver outro disputar-me o caro objeto,
Em cujas lindas mãos pus alma, e vida,
Não me arranca suspiros: o tormento,
Que no peito me faz mortal ferida,
O maior dos tormentos, ó perjura,
É ver, que de outrem sofres a ternura:
É ver, que dás calor, que dás alento
        A seus mimos, e amores
Cum riso, precursor de mil favores.

Tu não foges de mim, tu não te esquivas
Destes olhos, que em ti cativos andam;
Delícias, onde pasma o pensamento,
Doces instantes meu ciúme abrandam:
Mas, ah! Não é só minha esta ventura,
Meu vaidoso rival a tem segura.
Que indigna variedade! Em um momento

Teus olhos inconstantes
Acarinham sem pejo a dois amantes.

Honra, Virtude, Agravo, e Desengano
Me gritam n'alma, que sacuda os laços,
Que tanto sofrimento é já vileza;
Ouço-os, protesto desdenhar teus braços,
Protesto, ingrata, converter meus cultos
Em mil desprezos, irrisões, e insultos:
Mas, ah! Protestos vãos, baldada empresa!
Sou a amar-te obrigado;
Não é loucura o meu amor, é fado.

Canção, vai suspirar de Anarda aos lares;
Mas se não lhe firmares
O instável coração, deixa a perjura,
E iremos sossegar na sepultura.

O delírio amoroso

Inda não bastam, minha voz cansada.
　　Tantos ais, que tens dado;
É necessário renovar queixumes,
Queixumes, de que o fero Amor se agrada.
De que zombando está meu duro fado:
Gritemos, pois, frenéticos ciúmes,
Gritemos outra vez; que dos aflitos
São triste refrigério os ais, e os gritos.

Carrancuda Agonia, azeda, azeda
　　Inda mais, se é possível,
O venenoso fel, que em mim derramas;
Doces enganos da minh'alma arreda.
Deixa-lhe a dor intensa, a dor terrível
Dos ígneos zelos, das tartáreas chamas,
Deixa-lhe as ânsias, a peçonha, as iras,
E a desesperação, que tu respiras.

Farte-se Anarda, o variável peito,
　　Cujas graças me encantam,
Cujas traições no coração me ferem,
E por quem gemo, em lágrimas desfeito:

Que já mil bens dulcíssimos não cantam
Os ternos lábios meus, antes proferem
Lamentos contra Amor, contra a Ventura.
Conheça a desleal, saiba a perjura.

Sim, traidora, que o júbilo em torrentes
    Viste alagar meu rosto,
Quando em teus braços possuí mil glórias,
Hoje morro de angústias, e o consentes,
Podendo-me, cruel, matar de gosto?
Ó êxtase! Ó delícias transitórias!
Ó vão prazer dos crédulos amantes,
Mais fugaz que os alígeros instantes!

Cansaste, Anarda: a sólida firmeza
    Vezes mil protestada,
Votos de eterna fé, que me fizeste,
Manter não pôde feminil fraqueza,
A quem somente a novidade agrada:
Já lugar na tu'alma a outro deste,
E o mais ardente amor, o amor mais puro
Não satisfaz teu coração perjuro.

Se me fugisses, se de todo as chamas,
    Que por mim te abrasavam,
A nova inclinação te amortecera,
Desculpara esse ardor, em que te inflamas;
Porém quanto, infiel, quanto me agravam
Os sorrisos de amor, com que assevera
Teu gesto encantador, teu meigo rosto,
Que inda propende a saciar meu gosto!

Presumes, que se paga uma alma nobre,
    Um coração brioso
De um sórdido prazer, torpe, e corrupto
Qual esse, que me ofertas, se descobre?
Assim só pode o vil ser venturoso,

Essa fortuna por baldão reputo:
Em amor antes só ser desgraçado,
Que de outrem na ventura acompanhado.

Vai, fementida, que a paixão perfeita
        Os seus dons não reparte;
Vai gemer noutro peito, e noutros braços:
Pérfidos mimos desse infame aceita,
Enquanto juro aos Céus de abominar-te,
Enquanto arranco meus indignos laços,
Enquanto... ah! Que falei! Meu bem, detém-te,
Abafa a minha voz, dize que mente!

Eu deixar-te (ai de mim!) primeiro a Terra
        Mostre as fundas entranhas
Por larga boca horrível, que me trague:
Primeiro o mar, e o Céu me façam guerra,
Despenhem-se primeiro estas montanhas,
E a meu corpo infeliz seu peso esmague:
Primeiro se confunda a Natureza,
Que eu cesse de adorar tua beleza.

Vejam meus olhos teus pasmados
        De um rival no semblante;
Ouça-te os ais, que com seus ais misturas,
E os agrados, que opões aos seus agrados:
A tudo está sujeito um cego amante,
Que não pode quebrar prisões tão duras;
A tudo estou submisso, estou disposto,
Quero tudo sofrer, porque é teu gosto.

Terá por crime, suporá vileza
        Tão cruel tolerância
Quem não sente o poder da formosura;
Porém minh'alma, nos teus olhos presa,
Inda chega a temer, que esta constância
Prova não seja de exemplar ternura:

E saibam, se com isto um crime faço,
Que o crime adoro, que a vileza abraço.

Sobre as asas dos ventos
    Canção chorosa, e rouca,
Vai narrar pelo mundo os meus tormentos:
De almas estoicas a dureza louca
Rirá dos teus lamentos;
Mas nos servos de Amor terás abrigo:
Quando te ouvirem, chorarão contigo.

O adeus

Suave habitação da minha amada,
Das Graças, e de Amor! Feliz morada,
    Onde as mãos da Ventura
C'roaram minha fé singela, e pura;
Onde inflamado exp'rimentou meu peito
Que há no mundo também prazer perfeito:

Leves Favônios, leves passarinhos,
Que, pousados nas flores e raminhos,
    Em silêncio me ouvistes
Canções alegres, e suspiros tristes,
Porque inda o mais ditoso, enquanto adora,
Canta umas vezes, outras vezes chora:

Tejo, que à minha voz abonançavas,
Que, para me atender, nem murmuravas,
    Quando injustos ciúmes
Me arrancaram mil prantos, mil queixumes;
Quando à bela constância de Gertrúria
Fiz com suspeitas vãs cruel injúria:

Antiga pátria minha, e lar paterno,
Penates, a quem rendo um culto interno;
Lacrimosos parentes,
Que inda na ausência me estareis presentes;
Adeus! Um vivo ardor de nome, e fama
A nova região me atrai, me chama.

Ó vós, que nos altares da Amizade
Votastes exemplar fidelidade,
Vasconcelos, Couceiro,
Liz benfeitor, Andrade prazenteiro,
Vós, que me doce união viveis comigo,
Ouvi o terno adeus de um terno amigo.

Os mares vou talhar, cujos furores
Descreve o grão cantor, por quem de amores
Inda as Musas suspiram:
Aqueles mares, onde os Gamas viram
Do rebelde, horrendíssimo gigante
Os negros lábios, o feroz semblante.

Quer a sorte, propícia a meu desejo,
Manda-me a Honra, cujas aras beijo,
Que com férvido brio
Contemple os muros da invencível Diu,
Donde, ó Silveiras, Mascarenhas, Castros,
Foi soar vossa fama além dos astros.

Nos climas, onde mais do que a história
Vive dos Albuquerques a memória;
Nos climas, onde a guerra
Heróis eternizou da lísia terra,
Vou ver, se acaso a meu destino agrada
Dar-me vida feliz, ou morte honrada.

Sufocai vossa dor, porque os gemidos
Só às desgraças é que são devidos;

E, apesar da ternura,
Considerai que é sólida ventura
Seguir de altos varões o ilustre exemplo;
Por espinhos se vai da Glória ao templo.

Adeus, sócios fiéis; e tu, querida,
Cujos olhos nesta alma, à tua unida,
O primeiro empregaram
Amoroso farpão, que dispararam,
Abafa os tristes, cândidos suspiros,
Com que me vibras perigosos tiros.

Por entre a chuva de mortais pelouros
A nua fronte enriquecer de louros
Eu procuro, eu desejo,
Para teus mimos desfrutar sem pejo;
Pois quem deste esplendor se não guarnece,
Não é digno de ti, não te merece,

Eu te levo, meu bem, no pensamento;
Não armes contra mim neste momento
O novo, o doce encanto
Que recebem teus olhos de teu pranto:
Generosa paixão de ti me afasta;
Adeus, Gertrúria, adeus, não chores, basta.

Canção, fica segura
Nas mãos da ninfa lacrimosa e bela;
Serás consolação, e alívio dela:
Pelos olhos da mãe Cupido o jura.

Cantos

À Imaculada Conceição de Nossa Senhora

Laus et gloria sit tibi, sancta Trinitas,
quae omnes nos ad hanc celebritatem convocatis.
D. CYRILLUS, Episcopus Alexandriae, in Homilia contra Nestorius

Rasga o seio da Terra, e desce, ó Musa,
À masmorra, onde os réprobos arrastam
Sempiternas, horríssonas correntes...
Que pavorosa confusão rodeia
O praguejado trono ao rei das sombras!
Seus torvos cortesãos como esbravejam
Nos sulfúreos vulcões, que o Orco exala!
A negra Inveja que alarido arranca
        Das carcomidas fauces!
Veneno em borbotões, lágrimas suas,
O carão cor da noite ao monstro escalda!
A Desesperação lhe jaz ao lado,
E no raivoso coração lhe enterra
De quando em quando as lacerantes garras:
Não longe dela a túrgida Soberba
        Nas mãos ostenta ainda
        Abominável plano,
A cuja execução guiou, bramindo,
Rebeldes legiões, que em vão tentaram
Sacudir da cerviz o jugo eterno,
        Tocar o Onipotente,
Roubar-Lhe o raio, derribar-Lhe o sólio:

Do antigo pasto seu nunca enjoado
O abutre, que devora a Natureza,
        Às Fúrias lá preside,
As indômitas Fúrias, que negrejam
Sobre os amplos degraus de ferro em brasa,
Hórrida estrada ao detestável trono.
Ali Satã, fervendo em labaredas
        De raiva inextinguível,
Tortuoso dragão, que tem por cetro,
        Na mão cruenta esmaga,
Retorce os olhos, que dardejam peste,
Meneia a fronte, e cum terrível brado
Ao tartáreo tumulto impõe silêncio;
Pela tórrida abóbada rebomba
        O trovão repentino:
As melenas das Fúrias se arrepiam,
E as entranhas do báratro estremecem.
Desesperadas vítimas d'Aquele,
Que reina, a meu pesar, sobre as estrelas
(Diz aos seus o infiel), vítimas tristes
Do poder, que despótico aferrolha
No cárcere da morte altas essências,
Criadas para o Céu, de onde caíram;
Inda tantos horrores não bastavam,
Inda a pesada mão, que nos oprime
Achou leve o suplício, em que penamos!...
Oh, lembrança, pior que tantos males
No bojo abrasador contém o Inferno!
Apenas arrojados nestas fumas,
Nova, e mais que terrífica vingança
Fulmina contra nós o Irresistível;
Não que mande roncar trovão medonho,
Não me maneje o rápido corisco:
Quer dar-nos outra espécie de tormento,
E sobre nossas frontes descarrega
O peso enorme de perpétua afronta.
Seu hálito, seu braço à vil matéria

Dão forma, vida, inteligência, graça,
E inefáveis delícias no Éden puro;
Bem que ao nosso furor não foi vedada
A sagaz tentação, que apodrentando
Na raiz fraca o tronco desprezível,
        Faz grassar o contágio
Por todos os seus ramos, e os submete
Ao jugo do pecado, à lei da morte:
De herdada corrupção contaminados
Ficam todos enfim... Mas ah! Não todos,
Que um deles escapou do estrago horrendo,
Um só deles, um só... Maria! Ó nome,
Que no império de fogo, em que domino,
Me aterras como o raio inevitável,
Que arder senti na atônita cabeça,
E cuja cicatriz inda conservo!
O númen vingador na imensa ideia
Já tinha antes dos tempos excluído
        Da geral, triste herança
        A Mulher portentosa,
Que intacta produziu o etéreo fruto,
O Filho redentor, que desde os astros
Armado de pavor, e onipotência,
Nos despenhou no abismo, onde jazemos.
Resolução fatal à nossa fúria!
Ele os homens adota, ao Pai se of'rece
Expiadora vítima do crime,
De que via infectada a humanidade.
Nas asas dos espíritos celestes
Desce ao mundo, e vestido o térreo manto
Eis começa a limar da culpa os ferros.
Espessa multidão, que ao Verbo atende,
Já principia a praguejar meu nome,
E a nova lei nas almas se lhe arreiga...
Debalde (oh, raiva!) aos ímpetos do Inferno
Os corações incrédulos cederam,
Erigindo patíbulo afrontoso,

Onde sofresse voluntária morte
Ele, a hóstia de paz, e de aliança:
Ah! Seu sangue lavou a antiga nódoa,
Que os terrestres espíritos manchara;
E que assombros, que espantos, que prodígios
O cruento espetáculo seguiram!
Súbito em dois se fez o véu do templo,
A ordem se alterou da Natureza,
Do férreo sono os mortos despertaram,
Sumiu-se a luz do Sol no horror das trevas;
E a Terra em convulsões, e o pólo em chamas
Fizeram logo autêntico o deicídio.
Hoje no livre mundo é memorado
O grão princípio do comum resgate:
Lá soam ledos cânticos festivos,
Que, voando às estrelas, acompanham
Tépidas nuvens de sabeu perfume.
Maria, abençoada entre as mulheres,
Àquele universal, canoro aplauso
Serve de objeto; os homens lhe consagram
Interna adoração: "Tu és (exclamam)
        A flor sagrada, e pura,
Em que pousou o espírito divino;
A salvação por Ti desceu ao mundo,
No eterno pensamento onisciente
Teu ser, ó Virgem, precedeu aos evos.
Como cedro no Líbano exaltada,
Qual rosa em Jericó, Tu resplandeces
Mais que o Sol no zênite: aceita, acolhe
Em Teu piedoso ouvido humanas preces!"
Ó desesperação! E eu pronuncio
No louvor de Maria a minha injúria!
Eu, que... "Vibrar sacrílega blasfêmia
Ia o monstro infernal, mas na garganta
A voz, achando obstáculo, recua.
Por lei do Onipotente, e enquanto freme
A danada caterva, a densa turma

No vasto horror da lôbrega morada,
(Onde tu, Maldição, resides sempre)
Os querubins no Céu, na Terra os homens
Em crebros hinos à porfia exultam."

À admirável intrepidez com que,
no dia 24 de agosto de 1794,
subiu o capitão Lunardi no balão aerostático

Que brilhante espetáculo pomposo
A meus olhos atônitos se of'rece!
D'alta Ulisseia o vulgo numeroso
Já no amplo foro de tropel recresce:
Soa o márcio concerto estrepitoso,
Que o sangue agita, os ânimos aquece,
Assoma aos ares neste alegre dia
Raro prodígio de arte, e de ousadia.

O Tejo as ondas cérulas aplana,
Das ledas filhas cândidas cercado,
Vibra o tridente azul coa destra ufana,
E rebate a braveza ao norte irado:
Contemplar em silêncio a audácia humana
Quer, inda que a portentos costumado;
Quer, encostando a face à urna de ouro,
Ver brilhar, ó Ciência, o teu tesouro.

Lá surge ao vasto, ao fluido elemento
O globo voador, lá se arrebata
Sobre as asas diáfanas do vento,

E pelo imenso vácuo se dilata!...
O pássaro feroz, voraz, cruento,
Quando rápido voo aos céus desata,
Quando as nuvens transcende, e Febo afronta,
Da terra mais veloz se não remonta.

Portentoso mortal, que à suma altura
Vás no etéreo baixel subindo ousado,
Que ilusão, que prestígio, que loucura
Te arrisca a fim tremendo, e desastrado?
Teu espírito insano, ah! Que procura
Pela estrada do Olimpo alcantilado?
Não temes, despenhando-te dos ares,
Qual Ícaro infeliz, dar nome aos mares?

Não temes (quando evites o espumoso
Campo, que é dos tufões teatro à guerra)
Não temes que num baque pavoroso
Teu sangue purpureie a dura terra?
Tentas, qual Prometeu, roubar vaidoso
O sacro lume, que nos Céus se encerra?
Ah! Não faças tão medonho ensaio:
Ou teme o precipício, ou teme o raio.

Mas para que pasmado, e delirante,
Brados, e brados pelos ares lanço,
Se apenas do fenômeno volante
Coa vista perspicaz o voo alcanço?
Enquanto grito, o aéreo navegante
Seu rumo segue em plácido descanso,
Munido de ciência, e de constância,
Surdo à voz do terror, e da ignorância.

Gamas, Colombos, Magalhães famosos,
Eternos no áureo templo da Memória,
Sirtes domando, e mares espantosos,

De assombros mil, e mil dourais a História;
Mas ir dar leis aos ares espaçosos
É triunfo maior, e até mais glória,
Porque não traz à louca, à cega gente
Os males de que sois causa inocente.

Lá onde a feia inveja desgrenhada
Ao Mérito não move horrível guerra,
Nem sobre chusma inerte, e desprezada
Cospe o veneno, as víboras aferra;
Lá na ditosa, e lúcida morada,
Defesa aos vícios, de que abunda a Terra,
Guardai da glória no imortal tesouro
O nome de Lunardi em letras de ouro.

Que importa que no centro de Ulisseia
À luz, claro varão, não fosses dado?
De um frívolo acidente a louca ideia
Tenha embora poder no vulgo errado:
Que eu te consagro a dádiva febeia
Qual se berço comum nos desse o fado;
Longe, vãs prevenções de homem grosseiro;
O sábio é cidadão do mundo inteiro.

Mas tu, cantor de Augusto, e de Mecenas,
Roga a Jove te anime as cinzas frias,
E de alvo cisne renovando as penas,
Desperta o sacro fogo em que fervias:
Desce às montanhas floridas, e amenas,
Onde revivem de Saturno os dias;
Dali canoro entoa o nobre metro,
E em honra de Lunardi exerce o plectro.

De tornar-lhe perene a digna fama
Só tu, só tu convens à grande empresa;
Vem vê-lo ardendo em gloriosa chama,

Sup'rior ao poder da Natureza:.
Para novos prodígios punge, inflama
Seu ânimo; e coa voz em estro acesa,
Supre-lhe, o vate, os bronzes, e alabastros;
Depois com ele voltarás aos astros.

Intrépidos mortais, oh, quantos mundos
Até'gora escondidos, e ignorados,
Ireis pisar, afoitos, e jucundos,
Pelos etéreos campos azulados!
Não fraquejeis, espíritos profundos,
E na pasmosa máquina elevados,
Ide incensar entre os sidéreos lumes
O congresso imortal dos altos numes.

É pouco para vós o mar, e a Terra;
Sim, a mais vos conduz o instinto, a sorte,
Ilustrados varões, enquanto a guerra
Rouba, estraga, horroriza o Sul, e o Norte;
Enquanto as negras fúrias desencerra
Do tenebroso Inferno a torva morte,
Vinde à soberba fundação de Ulisses,
Entre o povo feliz viver felices.

Renovai-lhe espetáculos gostosos
Exulte a curiosa Humanidade
Sobre os campos de Lísia venturosos,
Vestidos de serena amenidade:
Fugi, fugi aos climas desditosos
Onde, exposta à voraz ferocidade
De monstros de ímpia garra, aguda presa,
Estremece, desmaia a Natureza.

E tu, que da loquaz Maledicência
Tens açaimado a boca venenosa,
Tu, que de racionais, só na aparência,

Domaste a mente incrédula, e teimosa:
Das fadigas, que exige árdua ciência,
Em vivas perenais o prêmio goza,
E admira em teu louvor estranho, e novo
Unida à voz do sábio a voz do povo.

Elegias e Epicédios

A Olinta

Colei di gioia transmutossi, e rise,
E in atto di morir lielo, e vivace
Dir parea: s'apre il cielo, io vado in pace
TASSO, *Jerusalém Libertada*, canto XII

Olinta jaz na terra,
Contigo, ó Noite, para sempre mora,
E Amor grita, Amor chora,
Chora o fagueiro Amor, que lhe brincava
Nos melindrosos braços,
Movendo aos corações sanguínea guerra;
Ei-lo já delirante; a ebúrnea aljava,
Arco, venda, farpões eis em pedaços
Sobre o frio, o medonho
Lugar sagrado, aonde
Com ar inda risonho
O seu, e o nosso bem se nos esconde;
Na terra oculto jaz mais um tesouro
Por decreto da Sorte:
Daquela tenra vida o fio de ouro
Quão cedo rebentou nas mãos da Morte!...
Ah, Morte inexorável, que te nutres
Em ruínas, em ais, em sangue, em pranto!
Mais negra que os Infernos, mais faminta

Que os famintos abutres!
Ó tu, da humanidade horror, e espanto,

Levaste-lhe o melhor, levaste Olinta;
Olinta, em cujas faces delicadas
Corações atraíam
As rosas sobre neve desfolhadas,
Que de virgíneo pejo se acendiam
Ao brando assalto da menor fineza;
Olinta, em cujos olhos, que encantavam,
Ufana se revia a Natureza!
Olhos! Flama celeste, a que voavam
Açorados, terníssimos desejos,
E onde, quais borboletas, se crestavam,
Dando suspiros, dando-vos mil beijos,
Olhos! Olhos! Oh, dor! E estais fechados!
Estais de opacas névoas eclipsados!
Olhos suaves, olhos milagrosos,
Com vossos deleitosos
E frouxos movimentos
Dáveis flores aos prados,
Alento aos corações desesperados,
Enfreáveis os ventos,
Removíeis das rochas a dureza,
Transgredíeis as leis da Natureza,
E não podeis sair desse letargo!...
Oh, doidas ilusões! Oh, desvarios!
Oh, desengano amargo!
Olhos tristes, sem luz, olhos já frios,
A Morte não se rende à Formosura:
Não, jamais torna a si, jamais desperta
Quem dorme, como vós, na sepultura.
A desesperação, que nunca acerta
No que faz, no que diz, porque não pensa,
Nest'alma de aflição, de amor perdida,
Loucuras proferiu. Não há quem vença
O monstro, que executa a lei da Sorte:
É um contrato a vida,
Que fez o justo Céu co mundo ingrato,
E tu deste contrato

És fatal condição, terrível morte,
Que restituis a matéria ao nada.
O rei, que os povos como filhos ama,
E que de benfeitor, de pio a fama
Preza mais do que a púrpura sagrada,
Castigando com lástima o delito,
Reinando em corações, qual novo Tiro;
Aqueles, que entre bando lisonjeiro,
Servil, e dependente,
Se presumem do raio onipotente
Livres, seguros, coa Fortuna ao lado,
E de mais pura massa
Que o frágil barro do varão primeiro:
Aqueles, que com ar divinizado,
Insensíveis aos gritos da Desgraça,
Envolvidos em lúcido brocado,
E tendo a mansidão por um desdouro,
Para vós olham, míseros, e pobres
(Ricos talvez de espíritos mais nobres)
Qual para o mundo o Sol do carro de ouro,
Todos hão-de sulcar (Oh, Morte! Oh, Fado!)
Esse horrendo Oceano
Da nunca fatigada eternidade:
Lá verão, que no mundo a voz de Engano
Traz o filho da terra alucinado,
Que no mundo não há felicidade;
Todos, todos hão-de ir, por lei superna,
Inviolável, eterna,
Dormir nas trevas como Olinta dorme...
Mas, ah! Filha cruel de Érebo enorme,
Mudo espectro horroroso,
Verdugo universal! Não te enganaste
Ao menos, quando a foice preparaste
Contra o peito mimoso,
Cujos tesouros, que o purpúreo pejo
À sombra do véu cândido zelava
Do espiador, solícito desejo,

Meu pensamento audaz apenas via,
E inda eu vê-los assim não merecia!
Nem sequer desviaste a mão ferina
Uma vez, parecendo-te divina,
E exempta das pensões da Natureza
Aquela rara, e cândida beleza;
O mágico volver dos olhos puros,
Que viam seus escravos quantos viam;
Os olhos, ante quem se derretiam
Os penedos, os mármores mais duros;
A longa trança, a face transparente,
Tão meiga para nós, como inocente;
A rubra, intacta boca, as mãos nevadas,
A flor da gentileza, a flor dos anos,
As patéticas vozes, já truncadas,
Que não feriram só peitos humanos,
Que essas montanhas estalar fizeram,
        Ao menos não puderam,
Hórrido monstro, monstro famulento,
Teu golpe demorar por um momento!
Monstro, monstro voraz, se nos tragaste
        Todo o bem, todo o gosto
Naquele singular, benigno rosto,
        Para que nos deixaste
Cá nesta solidão? Mortais, choremos,
A ver se à força de chorar morremos:
        Por Olinta querida
Em lágrimas de amor se esgote a vida!
Fervam suspiros, fervam pelos ares,
E criem nossos olhos novos mares.
De um bem, que áspera lei de nós desterra,
A falta, a perda qual de vós não sente?
Mundo, suspiros, lágrimas, ó gente!
Olinta foi-se, Olinta jaz na terra.
Gritemos... sempre em vão, tristeza, e luto
        Nos volva em noite o dia,
Gritemos... sempre em vão... Porém que escuto!

Céus! Estrelas! Que súbita harmonia,
Que nunca ouvido tom, que etéreo canto
Me faz balbuciar no meu lamento,
Me faz a meu pesar conter o pranto!
Desencrespou-se o mar!... Nem bole o vento!...
Soava aquele arroio... ei-lo calado,
E como que se ri de gosto o prado!
        Oh, pasmo! Oh, maravilha!
        Este canto... este som... não é terreno...
Vem do Céu, vem do Céu, que tão sereno,
        Olhos meus, nunca vistes;
Néctar consolador minh'alma rega...
Porém que nova luz nos ares brilha!
        Que resplendor me cega!
À vista dele o Sol despe a beleza,
Como à vista do dia a tocha acesa!
Que é isto, coração! Lágrimas tristes,
        Recuastes, fugistes!
        Que doçura! Que encanto!
Este som faz que em êxtase me sinta!...
É verdade, é verdade; os anjos ouço...
Mas é digno um mortal de ouvir-lhe o canto?
Humanos, escutais? Oh, céus! Olinta!
Olinta! É ilusão do pensamento...
        Não, não é... que portento!
Humanos, atenção: "Na corte imensa
Do rei, que vibra os raios vingadores...
        Prostrada... aos pés divinos...
Olinta, goza já... da recompensa...
Das palmas... da virtude... os seus louvores...
        Sobre... as asas... dos hinos...
Como... soam no Céu... na Terra soem...
        Consolai-vos humanos...
        Mais suspiros não voem;
Vosso néscio queixume... a Deus insulta...
        Longe... de olhos profanos...
Que não merecem vê-Ia, aqui se encerra...

Aqui... das virgens entre o coro exulta...
    Consolai-vos... humanos...
Olinta... está... no Céu... não jaz na terra."
Ah! Que o verso adorável emudece,
E a luz celestial desaparece!
    Deus! Ó Deus! Será sonho?
Será sonho, ó mortais, o que escutamos?
Não, não é, que inda o prado está risonho,
Que o límpido regato inda não anda,
Nem Zéfiro bafeja os arvoredos,
Nem bate o mar nos íngremes penedos.
Ah! Bendito o Senhor, que nos abranda
Esta saudade, que mortal julgamos.
Prazer, ó mundo, cânticos, ó gente!
Olinta estás nos Céus, e lá piedosa
Desde os áureos degraus do trono eterno
    Do nume onipotente
Nos chama para o bem, de que ela goza.
Lá faz estremecer o horrendo Inferno,
Lá prende, orando, o braço justiçoso
Daquele, mais que os séculos anoso,
Que, farto de sofrer nossos delitos
    Quase, quase infinitos,
Me faz crer a Razão, que já queria
Mostrar-nos, ó mortais, quanto podia,
Lançando-nos às testas criminosas
Irresistível, pavoroso estrago:
A bárbara invasão, que oprimiu Roma,
Hórrida fúria, que arrasou Cartago,
Ou chuva ardente, que inundou Sodoma.
Cenas terríveis, cenas lutuosas,
Olinta é quem de nós vos afugenta,
Olinta a mão sustém, que nos sustenta...
Ah! Gratidão, saudade! A nossa amada
    Seja, seja cantada;
Versos em vez de lágrimas lhe demos,
    Do cedro vivedouro

Com seu nome adorado o tronco honremos;
De beijos, e de rosas
Cubra-se o cofre, cubra-se o tesouro
Daquelas sacras cinzas preciosas;
E depois que do peito amortecido
A nossa frágil vida transitória
Voar nas asas do final gemido,
Vereis quão terna Olinta nos recebe
Lá nessas fontes de inefável glória,
Onde mais quer beber quanto mais bebe.
Longe da nossa ideia, ó bens mundanos!
Sim, desde agora vos armamos guerra.
Orai a Olinta, não choreis, humanos:
Olinta está no Céu, não jaz na terra.

À lamentável morte do Ser.^{mo} Sr. D. José, Príncipe do Brasil, falecido aos 11 de setembro de 1788

(Escrita em Macau)

Levou a cruel Morte, sem ter pejo
Aquele belo moço, a quem tributo
Esperaram pagar o Indo, e o Tejo.
BERNARDES, Écloga I

Eu vos saúdo, ó túmulos anosos,
Onde a Tristeza co silêncio mora
Entre cinzas, e espectros pavorosos:

Salve, bosque medonho, onde a canora
Filomena infeliz a injúria antiga
No curvo ramo solitário chora:

Ó Noite, cujo véu meus ais abriga,
E vós, Manés, Fantasmas, sócios dela
Vede a que extremos a paixão me obriga!

Paixão louvável, justa, e não aquela,
Que às almas a razão, e a liberdade
Destrói, da vida na estação mais bela.

Mudos objetos, feia soledade,
Só vós encheis meu sôfrego desejo:
Longe, longe de nós a claridade.

Porém que escuto, ó céus! Ó céus! Que vejo!
Ah! Musa minha!... És tu? Vem, vem, pranteia
O caso, que gelou de mágoa o Tejo.

Velemos sobre a fria, agreste areia,
Enquanto nos ornados aposentos
Venturosos mortais o sono enleia.

Vê, se é próprio o lugar para lamentos,
Repara: que espetáculo! Que espanto!
Mochos! Larvas! Ciprestes! Monumentos!

Celebrem nossos ais, e nosso pranto
O comum benfeitor (ah, negra sorte!)
O herói pio, em quem Lísia perdeu tanto!

Aquele fruto singular, que a morte
Arrancou de alta planta generosa,
Que Deus abençoou no tronco forte;

Aquele, cuja face majestosa
Inda entre as mais gentis se distinguia,
Qual entre as flores se distingue a rosa;

Aquele, que te honrou, sabedoria,
Que tantas, tantas vezes, ó pobreza,
A víbora fartou, que te roía;

Aquele, que do cume da grandeza
Baixava a consolar-nos, atentando
Que todos somos uns por natureza;

Aquele gênio raro, afável, brando,
Que está na éterea abóbada fulgente
Astro novo, entre os astros cintilando;

Aquele, que era o pai da lusa gente,
Nosso bem, nosso amor, nossa esperança
Príncipe n'alma, príncipe excelente;

José, que em doce paz no Céu descansa,
Enquanto o povo seu, já delirante,
Em vãs, perdidas lágrimas se cansa.

Triste povo! E mais triste eu, que distante
Não pude acompanhar teu choro aflito
Naquele amargo, lutuoso instante!

Triste povo! E mais mísero eu, que habito
No remoto Cantão, donde, Ulisseia,
Não pode a ti voar meu débil grito!

Misérrimo de mim, que em terra alheia,
Cá onde muge o mar da vasta China,
Vagabundo praguejo a morte feia!

Que rigorosa lei, que horrível sina
Me estorvou que escutasse os ais extremos
Daquela alma real, antes divina?

Daquele augusto peito, onde vivemos,
Daquele coração, que idolatramos,
Daquele benfeitor, que já perdemos!

Mas pois que nós, ó Musa, não logramos
O doloroso bem de estar presentes
Ao fim do moço herói, que tanto amamos;

Já que não vimos consternadas gentes
Ferindo os rostos, e ferindo os ares
Com frenéticas mãos, com ais ardentes;

Já que não vimos nos pomposos lares
A meiga mãe, carpindo, ora ante o leito
Do filho, ora do Imenso ante os altares;

Já que não vimos de paixão desfeito
O fiel coração da esposa amante
Em lágrimas sair do ansioso peito;

Já que não vimos o preclaro infante,
Prezando mais o irmão, que a monarquia,
Traçar a interna mágoa no semblante;

E o bom príncipe, enfim, já na agonia,
Estas vozes soltar, balbuciente,
Pondo os olhos na esposa, que o perdia:

"A mão, que nos uniu tão docemente,
Ordena, amada, que de ti me aparte:
Seja feita a vontade onipotente.

Despindo o pó, minh'alma alegre parte;
Mas crê, que, voluntária, só pudera,
Querida esposa, por um Deus trocar-te;

Não chores, não suspires... ah! Pondera
Que o teu amado, o teu contentamento
Não morre, vai viver lá noutra esfera;

Chamando ao sumo bem do firmamento,
Vou morar entre os justos, por clemência
D'Aquele, que subjuga o mar, e o vento.

Louva, louva comigo a Providência,
A sacrossanta lei, que tem disposto
Esta do mundo necessária ausência.

Nadando em mares de inefável gosto,
Vendo os coros angélicos sagrados,
Em cada rosto lograrei teu rosto.

Poder, que move os Céus, que rege os fados,
Há-de aplacar a dor, que te flagela,
Anuir a meus rogos inflamados...

Deixa voar minh'alma, ó alma bela,
Adeus... Pai... Redentor... sê... sê comigo...
Adeus..." Eis expirou nos braços dela.

Já que não pude, ó Musa, este castigo,
Este dano, falta à humanidade,
Contigo ver, e deplorar contigo:

Pela imaginação, pela saudade
A nós (tristes de nós!) se represente
O efeito da geral calamidade.

A mente o pinte; que não pode a mente?
Como se goza o bem no pensamento,
Também no pensamento o mal se sente.

Ó colossos de aéreo fundamento!
Fantasmas, ilusões, que o mundo preza!
De que servis no fúnebre momento?

Por que blasona a túmida grandeza,
Se é vítima do abutre carniceiro,
Filho do Inferno, horror da Natureza?

Que bens herdamos nós do pai primeiro?
A culpa? A morte? Abominosa herança!
Mal haja o negro monstro lisonjeiro.

Ai prole da magnânima Bragança,
Quão cedo te sumiu na eternidade
A pavorosa mão, que os raios lança!

Cometeste sacrílega maldade,
Para... ah! Cessa, mortal, mortal insano,
Treme, ajoelha, adora a divindade!

Não pode (a Razão diz) ser um tirano
Esse, que fez o barro inteligente,
Que o Filho deu por ti, gênero humano.

O Rei dos reis, o Padre onipotente
Alma, que o mundo vil não merecia,
Consigo quis no Céu resplandecente.

Cala-te, ó dor!... Silêncio, ó agonia!...
E vós, que os prantos da paixão mais nobre
Verteis do morto herói na cinza fria;

Vós, que beijais o mausoléu, que o cobre,
Ó Lusos! Consolai-vos: inda temos
Quem preze o sábio, quem socorra o pobre.

Basta, basta, não mais, não mais extremos:
No irmão vereis José ressuscitado,
João restaurará quanto perdemos.

Inda há-de ser por todos tão cantado
O novo sucessor no trono augusto,
Quanto José no túmulo é chorado.

Nação, fiel nação, desterra o susto:
Outro herói, outro Atlante a monarquia
Nos firmes ombros susterá robusto.

E tu, mãe do teu povo excelsa, e pia,
Que inda desfeita em lágrimas contemplo
Na revolta, enlutada fantasia:

Sobe, constante, da Memória ao templo;
Lá vale mais que um cetro uma alma forte,
Sê da conformidade o santo exemplo.

À triste, cara irmã, que invoca a morte,
Vai docemente o pranto reprimindo;
Pinta-lhe a glória do feliz consorte,

Que entre os anjos está, cantando e rindo.

À deplorável morte do Il.$^{\underline{mo}}$ e Ex.$^{\underline{mo}}$ Sr. D. José Tomás de Meneses

Hórridas sombras, hórridos vapores
Que enlutais estes ares carregados
Por onde vão fugindo os meus clamores:

Sinistras aves, que funestos brados
Espalhais de ciprestes lutuosos
Pela negra tristeza bafejados:

A vós consagro os prantos dolorosos,
Que meus olhos derramam contra a dura
Antiga lei dos fados poderosos:

Antinga lei, que à feia sepultura
Arroja sem respeito, e sem piedade
A virtude, a grandeza, a formosura!

Áspera lei, que a pobre humanidade
Num momento, num átomo arremessa
Ao centro da medonha eternidade!

Tremendíssima lei, que tão depressa
Troca em ais e em desgostos a alegria,
Troca a púrpura em luto, o sólio em essa!

Ah! Nunca amanhecera o cruel dia,
Esse dia fatal, que tu seguiste,
Noite de espanto, noite de agonia!

Tejo, que foste da tragédia triste
O teatro infeliz, que é do tesouro
Que a meus olhos saudosos encobriste?

Ah! Não blasones das areias de ouro,
Se em ti conténs o herói, que ao próprio Marte
Esperava ganhar a palma, o louro.

José, com quem a sorte e a natureza
Foram tão liberais, e em quem luzia
Resto feliz da glória portuguesa.

José, que reunindo a força, e a arte,
Feros brutos indômitos domava,
Sendo assombro de tudo em toda a parte.

José, que os lusos povos alegrava,
E que, sem recordar-se da grandeza
A todos brandamente agasalhava;

Ó lúgubre destino! Ó morte impia!
Ilustre, e velho pai! Tua amargura
Quão rigorosa, quão cruel seria?

A macilenta Cloto, a parca dura
Te roubou para sempre o filho amado,
O doce objeto da maior ternura.

Queixa-te, é justo, queixa-te do fado,
O negro caso deplorável chora,
Em nossas faces pela dor gravado.

Pragueja aquele monstro, que devora
Os míseros mortais... dize-lhe... ah! Antes,
Antes a suma Providência adora.

Adora a quem nos astros cintilantes
Erigiu, colocou seu trono eterno,
O supremo Senhor dos céus brilhantes;

O justo Deus, que com poder superno
Escondeu, ferrolhou perpetuamente
Os rebeldes espíritos no Inferno.

Ele, movendo o braço onipotente,
O filho te chamou, que merecia
Glória imortal no Empíreo reluzente.

Basta, excelso Marquês; tua agonia
Pela fé seja enfim modificada,
E por uma cristã filosofia.

Que também na minh'alma atribulada
Ouço o riso da cândida esperança,
Sinto a terrível dor mais aplacada.

E tu, alma gentil, que na lembrança
Tão presente me estás, alma ditosa,
Entre os coros angélicos descansa.

Não precisa de lágrimas quem goza
De eterna, de imortal felicidade;
Por isso é nossa dor infrutuosa.

Porém, contudo, lá da eternidade,
Do centro da ventura mais perfeita,
Se te é possível, feliz alma, aceita

Provas de amor, efeitos da saudade.

À trágica morte da rainha de França, Maria Antonieta
(Guilhotinada aos 16 de outubro de 1793)

Século horrendo aos séculos vindouros,
Que ias inutilmente acumulando
Das artes, das ciências os tesouros;

Século enorme, século nefando,
Em que das fauces do espantoso Averno
Dragões sobre dragões vêm rebentando;

Marcado foste pela mão do Eterno
Para estragar nos corações corruptos
O dom da humanidade, amável, terno.

Que fatais produções, que azedos frutos
Dás aos campos da Gália abominados,
Nunca de sangue, ou lágrimas enxutos!

Que horrores, pelas Fúrias propagados,
Mais e mais esses ares enevoam,
Da glória longo tempo iluminados!

Crimes soltos do Inferno a Terra atroam,
E em torno aos cadafalsos lutuosos
Da sedenta vingança os gritos soam.

Turba feroz de monstros pavorosos
O ferro de impias leis, bramindo, encrava
Em mil, que a seu sabor faz criminosos.

A brilhante nação, que blasonava
D'exemplo das nações, o trono abate,
E de um senado atroz se torna escrava.

Por mais que o sangue em ondas se desate,
Nada, nada lhe acorda o sentimento,
Que as insanas paixões prende, ou rebate;

Vai grassando o furor sanguinolento,
Lavra de peito em peito, e de alma em alma,
Qual rubra labareda exposta ao vento:

Não cede, não repousa, não se acalma,
E a funesta, insolente liberdade
Ergue no punho audaz sanguínea palma.

Bárbaro tempo! Abominosa idade,
Às outras eras pelos Fados presa
Para labéu, e horror da humanidade!

Flagelos da virtude, e da grandeza,
Réus do infame e sacrílego atentado
De que treme a Razão, e a Natureza!

Não bastava esse crime?... Inda o danado
Espírito, que em vós está fervendo,
A novos parricídios corre, ousado?...

Justos Céus! Que espetáculo tremendo!
Que imagens de terror; que horrível cena
Vou na assombrada ideia revolvendo!

Que vítima gentil, muda, e serena
Brilha entre espesso, detestável bando,
Nas sombras da calúnia, que a condena!

Orna a paz da inocência o gesto brando,
E os olhos, cujas graças encantaram,
Se volvem para o Céu de quando em quando:

As mãos, aquelas mãos, que semearam
Dádivas, prêmios, e na mole infância
Com os cetros auríferos brincaram.

Ludíbrio do furor, e da arrogância
Sofrem prisões servis, que apenas sente
O assombro da beleza, e da constância.

Ó justiça dos Céus! Ó mundo! Ó gente!
Vinde, acudi, correi, salvai da morte
A malfadada vítima inocente!...

Mas ai! Não há piedade, que reporte
A raiva dos terríveis assassinos;
Soou da tirania o duro corte.

Já cerrados estais, olhos divinos;
Já voando cumpriste, alma formosa,
A férrea lei de aspérrimos destinos.

Do Rei dos reis na corte luminosa
Revês o pio herói, por nós chorado,
Que da excelsa virtude os lauros goza.

Na mente vos observo; ei-lo a teu lado
Implorando ao Senhor, que os maus flagela,
Perdão para o seu povo alucinado.

Despido o véu corpóreo, ó alma bela,
No seio de imortal felicidade,
Só sentes não voar mais cedo a ela.

Enquanto aos monstros de hórrida maldade
Murmura a seu pesar no peito iroso
A voz da vingadora Eternidade.

Desfruta suma glória, ó par ditoso,
Logra em perpétua paz júbilo imenso,
Que o mundo consternado, e respeitoso,

Te apronta as aras, te dispõe o incenso.

À morte do Sr. João dos Santos Bersane

O sábio não vai todo à sepultura;
Não morre inteiro o justo, o virtuoso;
Na memória dos homens brilha, e dura;

Enquanto o néscio, o inútil, o ocioso
Vão, ignoradas vítimas da morte,
Sumir-se no sepulcro tenebroso.

Jônio feliz, bom pai, fiel consorte,
Neste dia, em que o véu mortal despiste,
Dias eternos te confere a Sorte.

Se longe do universo errado, e triste,
Triunfa teu espírito fulgente,
Imortal entre nós teu nome existe.

Da etérea habitação do Onipotente
Reflete o resplendor da glória tua
Na tua prole honrada, e descontente.

Em lágrimas no peito lhe flutua
O coração de angústias macerado,
Posto que o ledo empíreo te possua.

Eis o caráter, que aos mortais foi dado;
Como que o bem do amigo nos magoa,
Quando o gosto de o ver nos é vedado.

Na destra a palma tens, na fronte a c'roa;
Tens (assegura a fé) porque a virtude
De jus nos almos Céus se galardoa.

Mas, por mais que se esmere, e lide, e estude,
Quem à dor acomoda o sofrimento?
Quem há que à Natureza o gênio mude?

Corra o pranto de amor, soe o lamento,
Té que a paixão nos ais evaporada
Deixe livre folgar o entendimento.

Então tua família consternada
Vendo na ideia teus serenos dias,
Alma vinda do Céu, e ao Céu tornada;

Vendo as dignas ações, virtudes pias,
Com que assombros e exemplos semeaste
Na carreira vital, quando a seguias;

Vendo que os sábios, que a ciência honraste,
Que o mundano esplendor tiveste em pouco,
Que os perversos carpiste, os bons amaste;

Enfreados seus ais no peito rouco,
De inefável prazer sentindo o encanto,
Dirá: "Quem te lamenta é cego, é louco.

Perdoa à nossa dor, e ao nosso pranto;
Sofre as mostras fiéis do amor mais terno;
E orando pelos teus, que amavas tanto,

Graças lhe adquire do Monarca eterno."

Idílios e Cantatas

Crinaura, ou O amor mágico
(Farmacêutico)

Já, da noite a metade anunciando,
O galo velador tinha cantado;
Regougavam nas serras as raposas,
Carpiam pelas árvores os mochos,
E no sórdido lago as rãs coaxavam.
Por entre densas, pluviosas nuvens,
Prenhes de raios, transluzia apenas
Semimorto clarão da frouxa Lua.
Entregue ao sono o racional jazia
Ou nos braços de Amor, ou solitário,
Sobre cama de feno, ou leito de ouro,
Segundo teus caprichos, ó Fortuna,
Com que dás tudo a uns, a outros nada.
Só num bosque de víboras coalhado,
Fértil de sombras, sombras dos Infernos,
Num ermo, onde não há pegada humana,
Que nos magos notívagos não seja,
Velava um deles, o amoroso Elmano,
Perto de turvo, e rápido ribeiro,
Que do atro seio de horrorosa gruta
Com ríspido sussurro ia correndo.
Fantasmas infernais, que a negra noite

Arroja a terra, sacudindo o manto,
Vagavam por ali: Górgonas, Fúrias,
Que o pavoroso báratro vomita,
Que exalam peste das cruéis entranhas,
As serpes as melenas assanhavam
Em torno do infeliz, queixoso amante,
Influindo-lhe a raiva, a dor, e a morte.
No centro da terrível assembleia
Com carrancudo aspecto o malfadado
Só tinha em ti, Crinaura, os pensamentos!
Tu lhe negavas o fulgor suave
Com que teu rosto os Céus abrilhantaram:
Longe estavas, cruel; porém supriam
Aos olhos corporais os olhos d'alma;
Longe estavas, cruel; porém pasmado
Na fantástica imagem de teu gesto,
Que vivamente Amor lhe debuxava,
Desta maneira os ares atroava:

"Potentes versos meus, arte divina,
As tartáreas cavernas invadistes,
Comovestes Sumano, e Proserpina,
Hidras, Cerastas, Fúrias atraístes:
Da fresca Lua a face cristalina
Com tenebrosas nuvens denegristes,
Domais as feras nesta horrível mata:
Só não podeis vencer Crinaura ingrata.

Versos! Versos! Ó dádiva celeste!
Apinhando os delfins ao som da lira
O músico Aríon remir pudeste
Das cobiçosas mãos, em que caíra:
Desarraigaste as árvores, soubeste
As penhas derreter! Amor te inspira,
Amor a força tua em mim dilata,
E não hás-de vencer Crinaura ingrata!

Versos! Versos! Nas ermas sepulturas
Com graça, pelas graças influída,
Furtando as almas das prisões escuras,
Tornais às cinzas o calor, e a vida:
A Dite, revogando-lhe as leis duras,
Tirais a ninfa, do áspide mordida:
Tanto podes, ó arte aos deuses grata!
Só não triunfarás daquela ingrata!

Ah! Sim, tentemos outra vez a sorte;
A ternura porfie, a paixão teime;
Deixai-me, ó desenganos, longe, ó Morte:
Deus Febo, o teu fervor minh'alma queime!
Eia, Vênus, e Amor, dai-me um transporte
Digno de vós: ó filho! Ó mãe! Valei-me,
Não só, não só por mim, de vós se trata:
Vós venceis, se eu vencer Crinaura ingrata.

Solte-se a veia, principie o encanto;
Versos! Versos! Crinaura! Eu tos envio.
Eis nas plumas do Zéfiro o meu canto.
Eis Íris sobre o ar úmido, e frio;
Cessa o berro da rã, do mocho o pranto,
Ficam mudas as Fúrias, mudo o rio:
Lá mostra a Lua a face prateada,
Trazei-me versos meus, a minha amada.

Esta semente, de fragrância bela,
Aos raios venerável como o louro,
Planto aqui: flores mil brotarão dela
Súbito... ah! Ei-las, é feliz o agouro:
Acendamos três vezes esta vela,
Crestemos à terceira este besouro:
Minha mestra ma deu, Canídia, a fada.
Trazei-me, versos meus, a minha amada.

As amoras silvestres espremamos
Neste vaso de Alceu, mágico experto;
Sobre o licor sanguíneo desfaçamos
Folha a folha este cravo meio aberto:
Misturemos-lhe agora o mel, e os ramos,
Que torrei, que moí, remédio certo
Contra o negro lacrau: não falte nada;
Trazei-me, versos meus, a minha amada.

Pondo este roto véu, que era de Circe,
Depois batendo o pé, Lâmia podia
Converter-se em morcego, e restituir-se
À forma natural, quando queria;
Eis o buço de lobo: a sábia Tirse
Com ele assombros mil também fazia:
Já com isto em serpente a vi mudada.
Trazei-me, versos meus, a minha amada.

Pus a secar debaixo de um penedo
Crescida e gorda rã, que apanhei viva;
Dois ossos lhe guardei: pondo-lhe o dedo
Qualquer amante, seu amor se aviva;
Tem a virtude, enfim, tem o segredo
De amansar lobos: a caduca Oliva
Com eles das mãos dum foi já tirada.
Trazei-me, versos meus, a minha amada.

A torta vara, com que Ileu fazia
Milhões de espectros negrejar nos ares,
Com que ao mínimo aceno embravecia
Plácidas auras, onançosos mares:
Parte do incenso, que Medeia impia
Dava da horrível Hécate aos altares,
Guardo naquela gruta, ao sol vedada.
Trazei-me, versos meus, a minha amada.

Falta a cinza (ei-la aqui) do corvo branco,
Que Lícidas caçou, que tanto estimo:
Dos feridos com ela o sangue estanco,
E os quase mortos, em querendo, animo:
Eis a admirável planta, com que arranco
As mais cravadas setas, eis o limo,
E esta concha, no Eufrates apanhada.
Trazei-me, versos meus, a minha amada.

Produzi, meus encantos, vosso efeito
Para glória de Amor, e glória minha;
Venha curar o mal, que me tem feito,
Aquela, em cujos olhos me mantinha:
Trazei-a... ah! Que prazer me inunda o peito,
Que luz, que objeto para mim caminha!
Que força oculta as forças me restaura!
Basta, meus versos: ali vem Crinaura."

Arselina
(Pastoril)

Lá onde em fofa espuma se despenha
O gárrulo Alviela transparente
De alcantilada, ruinosa penha,

Quando as sombras caíam do Ocidente,
Renovando seus ais a ave noturna,
E a rã loquaz seu cântico estridente;

Jazia o triste Elmano em ampla fuma,
Que, roçando a corrente cristalina,
Nega o côncavo seio à luz diurna.

Ali ao som da humilde sanfonina
O pastor solitário em vãs endeichas
Dava às traições, e às graças de Arselina

Ternas saudades, lastimosas queixas:
"Desce, Noite piedosa, estende o manto,
Que douram do céu puro os vivos lumes;
Torna, torna este horror mais denso, enquanto
Dirijo inúteis ais aos surdos numes;

Dobra a tristeza do funéreo canto,
Ó mocho, afeito às sombras, aos queixumes,
E tu, com quem meus males só mitigo,
Instrumento fiel, geme comigo."

Arselina se entrega ao rude Algano,
Em campos, em manadas opulento;
De amor se esquece, esquece-se de Elmano,

Elmano lhe voou do pensamento.
Cruel certeza! Amargo desengano!
E inda não me abafais o ansioso alento!
Vida, teimosa vida, eu te maldigo!
Instrumento fiel, geme comigo.

Fujam das mães os tímidos cordeiros
Para o lobo voraz de hoje em diante;
Voem para os milhafres carniceiros
A pomba namorada, a rola amante;
Unam-se os céus, e os íngremes outeiros,
Ó torpe Algano, aos brutos semelhante,
Que Arselina também se uniu contigo.
Instrumento fiel, geme comigo.

Eu, cativo de amor, cantando amores,
Mil vezes tenho os Zéfiros calado;
Eu pelos maiorais, e guardadores
O cantor, o poeta sou chamado;
Eu, e mais de uma vez, com hera, e flores,
Vencedor no arraial, fui já c'roado;
Eu passei na carreira o leve Eurigo.
Instrumento fiel, geme comigo.

Algano, mais agreste, e carrancudo
Que as noites, em que o sul goteja, e berra,
Sabe apenas seguir o arado agudo,
E os bois aguilhoar, se acaso emperra;

Nas festas, nos serões parece mudo;
E estala, quando vê na alheia terra
Ceres mais liberal, mais grado o trigo.
Instrumento fiel, geme comigo."

Mas, tal qual é, dos mimos de Arselina
Goza o boçal vaqueiro, enquanto eu choro;
No colo a negra face lhe reclina,
E une a mão calejada à mão, que adoro...
Ah, pastora infeliz! Que encanto, ou sina
Te fez de um monstro escrava! Eu te deploro:
Tens na tua cegueira o teu castigo.
Instrumento fiel, geme comigo.

A gralha idosa com sinistro agouro,
Triste mulher, predisse-me o teu fado;
Mas ai, que vã quimera! A fome de ouro
Fez-te perjura, e fez-me desgraçado.
Tiveste por baixeza, e por desdouro
Dar-te a pobre pastor de estranho gado:
Desdenhar a indigência é uso antigo.
Instrumento fiel, geme comigo.

Porém no fatal dia, em que formaste
O pacto vil com sórdida avareza,
Não tremeste, infiel, não te lembraste
De tantos votos de imortal firmeza?
Das vezes, que em teus braços me apertaste,
Do último excesso, da maior fineza?
Dize tu, dize, ó Noite, o que eu não digo!
Instrumento fiel, geme comigo.

Ah! Praza, praza aos Céus, que ainda seja
Pesado à falsa o laço vergonhoso;
Ah! Praza, praza aos Céus, que eu ainda a veja
Chorar desprezos do grosseiro esposo:
Para meu vingador o Fado elejo,

O mesmo, que o viver me faz penoso;
Do meu sossego o bárbaro inimigo.
Instrumento fiel, geme comigo.

As chagas, que me abriu alma perjura,
A imagem da traição, que nos afasta,
A ausência curará, que tudo gasta;
Mas em que fundo a néscia conjectura,
Se invencível poder me atrai, e arrasta?
À cabra segue o lobo, a Amor eu sigo.
Instrumento fiel, geme comigo.

O galgo esguio, a lebre temerosa
Hão-de unidos brincar por entre o mato;
Tereis, branco jasmim, sanguínea rosa,
Desengraçada a cor, e o cheiro ingrato;
Será mais que a do cisne harmoniosa
A voz do negro corvo, ou rouco pato,
Antes que cesse o mal, que n'alma abrigo.
Instrumento fiel, geme comigo.

Enquanto o suco do tomilho amarem
Os mordazes enxames voadores,
E o Sol, e a Lua pelo céu girarem,
E a mais bela estação der vida às flores;
Quantos arderem, quantos suspirarem,
Quer tristes, quer ditosos amadores,
Hão-de falar de mim com dor, e espanto.
Instrumento fiel, põe fim ao pranto.

A Nereida
(Marítimo)

À foz do Mandovi sereno, e brando
Alicuto infeliz estava um dia
Amorosos queixumes espalhando:

Alicuto, o marítimo, que ardia
Por Glaura, das Nereidas a mais bela,
Que em vítrea lapa sem pesar o ouvia.

Doido pela não ver, doido por vê-Ia,
E nas algosas pedras debruçado,
Bradava desta sorte ali por ela:

"Tanto, ó Glaura cruel, te desagrado,
Que não deixas por mim, nem um momento,
As crespas ondas, o licor salgado!

Olha que em ais, e em lágrimas o alento
Me vai fugindo, que a mordaz saudade
Me rói continuamente o sofrimento:

Olha que lá me tens a liberdade,
E que mais te não peço em recompensa,
Que um ar benigno, uns longes e piedade.

É digno tanto amor de tanta ofensa?
Ah! Que me faz odioso? A má figura?
O pé gretado, a pálida presença?

Queres só quem te iguale em formosura:
Pois sabe, que jamais verás objecto,
Que possa merecer tua ternura.

Não devo à Natureza um grato aspecto,
É verdade: o meu mérito consiste
Num claro entendimento, e puro afecto.

Se a compasso da lira o verso triste
Entoo alguma vez ao som canoro
Ninguém, não sendo tu, ninguém resiste:

Que provas mais fiéis de que te adoro,
Que este incansável pranto? E finalmente,
Do meu mister que requisito ignoro?

Na manobra quem é mais diligente
Que eu? Quem sabe deitar melhor o prumo?
Quem no leme, e n'agulha é mais ciente?

A carga no porão com regra arrumo,
Sei pôr à capa, sei mandar à via,
Como qualquer piloto, e dar o rumo:

Sei como hei-de correr com travessia,
E pela balestilha, ou pelo outante
Achar a latitude ao meio-dia:

Sei qual estrela é fixa, e qual errante;
A Lebre, o Cisne, a Lira, a Nau conheço,
E Oríon, tão fatal ao navegante,

Talvez muito vaidoso te pareço;
Mas devo assim falar, para que vejas
Que teus desdéns, ó ninfa, não mereço;

E se o que digo é pouco, e mais desejas,
Irei, pois, outros méritos ganhando,
Até que tu de mim contente estejas:

Tentarei, por fazer teu gênio brando,
Nunca tentados, nunca vistos mares,
Os meus antepassados imitando;

E agora, se teus olhos singulares
Puseres à flor d'água um só minuto,
Dando-me alívio, serenando os ares:

Quero fazer-te um mimo... ai! Já te escuto,
Ouço-te já dizer, que não cobiças
Donativos do mísero Alicuto;

Mas apesar de tantas injustiças,
Hei-de cada vez mais mostrar-te o fogo,
Que tu com teu rigor nesta alma atiças.

Ah! Vem, Nereida, amanse-te o meu rogo:
Se te enoja o falar, e estar comigo,
Não fales, aparece, e vai-te logo.

Topamos há três dias o inimigo
N'altura de Chaul; travamos guerra.
Sentiu do português o esforço antigo;

Fez-se uma presa, repartiu-se em terra
Inda agora: o quinhão, que lá me deram,
Este pintado cofrezinho encerra.

Nas mãos um colar de ouro me puseram
Sobre aljôfares mil: vi que, por belos,
Do teu colo, e teus pulsos dignos eram.

O mesmo foi pegar-lhes, que trazê-los
Para of'recer-tos: vem (não é desdouro)
Vem aceitá-los, ou sequer, vem vê-los;

Mas que precisas tu, se és um tesouro,
Se tens mais lindas pérolas na boca,
Se tens ouro melhor nas tranças de ouro!

Loucas ideias! Esperança louca!
Louco Amor! E of'reci com voz ousada
À filha de Nereu coisa tão pouca!

Mas se nem alma tão fiel te agrada,
Um pobre, ó Glaura, um triste marinheiro
Que mais te há-de of'recer? Não tem mais nada.

Já te entendo (ai de mim!). Bem sei, primeiro
Qual Glauco irei vagar no pego vasto
Sobre as espaldas de delfim ligeiro;

Pelo embate das ondas será gasto
Do soberbo Neptuno o grão tridente,
E os palmares às focas darão pasto;

Lá no oposto horizonte do Ocidente
O dia apontará, primeiro (ah, dura!)
Que tu me atendas uma vez somente.

Eu que fiz, miserável! Porventura
Amor é crime? Para ser querida
Não criou Jove eterno a formosura?

A que foi como eu, no mar nascida,
Por vencer Juno, e Palas na beleza,
Mais que Palas e Juno é aplaudida.

Porém se ainda assim supões vileza
Sofreres que um mortal se afoite a amar-te,
Sendo tu de mais alta natureza;

E se levas a mal o importunar-te
Com ais no coração desesperado,
Tirana, por que tardas em vingar-te?

Pune, pune este amor desatinado;
Eu não fujo, aqui estou; das ondas saia
Tragador jacaré, por ti mandado.

Sobre mim de repente o monstro cai:
Folgarás, vendo o sangue de meu peito
Às golfadas saltar, tingindo a praia;

E eu morrerei contente, e satisfeito
Por escapar de estado tão penoso,
E inda mais por morrer por teu respeito.

Só temo que o meu caso lastimoso,
O deplorável fim de meus amores
Faça teu nome a todos horroroso."

Prosseguiria o triste em vãos clamores,
Mas viu, que para ali vinham remando
Nos lúbricos sados os pescadores,

E ficou mudo, para o mar olhando.

Lênia
(Piscatório)

As árvores estavam gotejando,
Bramia ao longe a costa, e ressoava
Pavoroso trovão de quando em quando:

Tudo horror, e tristeza respirava;
Os ares, a montanha, o rio, o prado,
E mais triste que tudo Elmano estava;

O pescador Elmano, o malfadado,
Que em aziago instante a luz primeira
Viu lá nas praias, onde morre o Sado.

Tu, pernicioso Amor, fatal cegueira,
Reinavas no infeliz, que em vão carpia
Do claro Mandovi sobre a ribeira.

"Ó Náiade formosa! (ele dizia)
Ó Lênia encantadora, a meus clamores
Tão surda como a surda penedia!

Da boca, sempre escassa de favores,
Que te exala um perfume, um ar divino,
Mais doce do que o hálito das flores,

De uma palavra só pende o destino
Da paixão deplorável, com que gemo,
Que se vai transtornando em desatino.

Reduzido me vejo a tal extremo,
Tão macerado estou pelo desgosto,
Que até me esfalfa o menear do remo.

Por ti com terno pranto alago o rosto,
Por ti mil noites velo, amargurado,
E ao mau relento n'almadia exposto.

Já que tens nos teus olhos o meu fado,
Vem consolar-me ao menos cum sorriso,
Vai-te depois, e deixa-me enganado.

Há quantas horas estas margens piso!
Há quantas pelas ondas te procuro!
Há quantas, quantas mais te não diviso!

Da tua branda vista o raio puro,
A cor celeste, o frouxo movimento
Aclarem, branca Lênia, o tempo escuro.

Assanha as ondas o ímpeto do vento,
Negreja pelos ares o sombrio
Grosso vapor do Inverno turbulento.

Glória das ninfas, glória deste rio,
Surge, assoma, aparece, e teus encantos
Farão súbito aqui brilhar o Estio.

Ao som das águas ouvirás meus cantos,
Ou antes (se meus versos abominas)
Ao som das águas ouvirás meus prantos,

Sai das úmidas lapas cristalinas,
Onde Tétis louçã contigo mora,
Tétis, em cujos braços te reclinas.

Ó feliz pescador! Ó feliz hora!
Ó dia de prazer, se te mereço,
Que saias uma vez das ondas fora!

Não posso dar-te aljôfares de preço:
Tortos búzios, seixinhos luzidios,
E amor, é o que tenho, isso te of'reço...

Que sonhos! Que ilusões! Que desvarios!
Quarerás estes dons tu, que apeteces
Ais a milhares, lágrimas em rios!

Tu, que foges de mim, que me aborreces,
E que talvez contente lá no fundo
Ao eco de meus gritos adormeces!

Tu mais cruel que o tigre furibundo,
Que o jacaré voraz, e as outras feras
Das toscas brenhas, e do mar profundo!

Tu, que num ódio bárbaro te esmeras,
Quando a ter compaixão de meus gemidos
Até dos brutos aprender puderas!

Quantas vezes, de ouvir-me enternecidos,
Sobem à tona d'água os lisos peixes,
Que já não são do meu anzol feridos!

Ah! Teu cego amador morrer não deixes,
Sequer mostra-te ao longe, inda que os belos
Olhos teus, por não ver-me, ó Lênia, feches.

Negas, talvez, piedade aos meus desvelos,
Por que de lá me espreita o cabeludo,
Monstruoso Tritão, fervendo em zelos?

Ele é deus, eu mortal, mas não tão rudo,
Não tão negro, como ele, e até lhe oponho
Um amor mais sincero, e mais sisudo.

Enfim, de ser quem sou não me envergonho,
Nem tenho, ó Lênia, que rogar ao Fado,
Quando coa posse de teus mimos sonho.

Pergunta a quantos vêm do Tejo, e Sado,
Se ali me condenou vil nascimento
A este, em que mourejo, humilde estado.

Sempre entre os mais honrados tive assento,
Venho dos principais da minha aldeia:
Não cuides que vãs fábulas invento.

Lá sobre as lindas flores, que meneia
Sadia viração, cantei mil versos,
Mil versos, de que tinha a mente cheia.

Trabalhos, aflições, fados adversos
A melodia, a graça me apoucaram
Em climas, do meu clima tão diversos.

Porém que digo! As águas inda param,
Se alguma vez em doce, em triste canto
Meus frouxos lábios o meu mal declaram.

Só tu, ninfa gentil, desta alma encanto,
Me foges, e supões que te assegura
Perpétua glória meu contínuo pranto.

Condição, insensível à ternura
Do mais perdido amante, a Natureza
Te deu para senão da formosura.

Não alardeies da feroz crueza:
Pondera, que o rigor pode privar-te
De adorações, que atrai tua beleza.

Mas não, já me desligo. Onde, em que parte
Há-de existir um coração tão duro,
Que por seres cruel deixe de amar-te?

Se qual cheia, que aterra estável muro,
Tu, posto que suave, e brandamente,
Avassalas o arbítrio mais seguro?

Ah! Vem por cima da fugaz corrente
Dar lenitivo à dor, que despedaça
Meu fiel coração, meu peito ardente.

Concede a tantos ais só esta graça:
Vem, Lênia, vem dizer-me por piedade,
Que alto excesso de amor queres que eu faça.

De bom grado, e sem medo à tempestade,
Se o mandares, verás, que à vela eu corro:
O mal, com que não posso, é a saudade.

Mas ímpia, tu não vens, não dás socorro
Às minhas aflições, aos meus clamores;
Eu caio, eu desfaleço, eu morro, eu morro...

Cavai-me a sepultura, ó pescadores!"

À morte de Inês de Castro

As filhas do Mondego a morte escura
Longo tempo, chorando, memoraram.
CAMÕES, *Os Lusíadas*

A ULINA (Soneto dedicatório)

Da miseranda Inês o caso triste,
Nos tristes sons, que a mágoa desafina,
Envia o terno Elmano à terna Ulina,
Em cujos olhos seu prazer consiste:

Paixão, que, se a sentir, não lhe resiste
Nem nos brutos sertões alma ferina,
Beleza funestou quase divina,
De que a memória em lágrimas existe:

Lê, suspira, meu bem, vendo um composto
De raras perfeições aniquilado
Por mãos do crime, à Natureza oposto:

Tu és cópia de Inês, encanto amado;
Tu tens seu coração, tu tens seu rosto...
Ah! Defendam-te os Céus de ter seu fado!

Longe do caro esposo Inês formosa
    Na margem do Mondego
As amorosas faces aljofrava
    De mavioso pranto.
Os melindrosos, cândidos penhores
    Do tálamo furtivo
Os filhinhos gentis, imagens dela,
No regaço da mãe serenos gozam
    O sono da inocência.
Coro sutil de alígeros Favônios
    Que os ares embrandece,
    Ora enlevado afaga
Com as plumas azuis o par mimoso,
    Ora solto, inquieto
Em leda travessura, em doce brinco,
    Pela amante saudosa,
Pelos tenros meninos se reparte,
E com tênue murmúrio vai prender-se
Das áureas tranças nos anéis brilhantes.
Primavera louçã, quadra macia
    Da ternura, e da flores,
Que à bela Natureza o seio esmaltas,
Que no prazer de Amor ao mundo apuras
    Prazer da existência,
    Tu de Inês lacrimosa
As mágoas não distrais com teus encantos.
Debalde o rouxinol, cantor de amores,
Nos versos naturais os sons varia;
O límpido Mondego em vão serpeia
Cum benigno sussurro, entre boninas
De lustroso matiz, alvo perfume;
Em vão se doura o Sol de luz mais viva,
Os céus de mais pureza em vão se adornam
    Por divertir-te, ó Castro!
Objetos de alegria Amor enjoam
    Se Amor é desgraçado.
A meiga voz dos Zéfiros, do rio,

Não te convida o sono:
Só de já fatigada
Na luta de amargosos pensamentos
Cerras, mísera, os olhos;
Mas não há para ti, para os amantes
Sono plácido, e mudo;
Não dorme a fantasia. Amor não dorme:
Ou gratas ilustres, ou negros sonhos
Assomando na ideia espertam, rompem
O silêncio da morte.
Ah! Que fausta visão de Inês se apossa!
Que cena, que espetáculo assombroso
A paixão lhe afigura aos olhos d'alma!
Em marmóreo salão de altas colunas,
A sólio majestoso, e rutilante
Junto ao régio amador se crê subida;
Graças de neve a púrpura lhe envolve,
Pende augusto dossel do teto de ouro;
Rico diadema de radioso esmalte
Lhe cobre as tranças, mais formosas que ele;
Nos luzentes degraus do trono excelso
Pomposos cortesãos o orgulho acurvam;
A lisonja sagaz lhe adoça os lábios
O monstro da política se aterra,
E se Inês perseguia, Inês adora,
Ela escuta os extremos,
Os vivas populares; vê o amante
Nos olhos estudar-lhe as leis que dita;
O prazer a transporta, amor a encanta:
Prêmios, dádivas mil ao justo, ao sábio
Magnânima confere,
Rainha esquece o que sofreu vassala:
De sublimes ações orna a grandeza,
Felicita os mortais, do cetro é digna,
Impera em corações... Mas, céus!... Que estrondo
O sonho encantador lhe desvanece!
Inês sobressaltada

Desperta e de repente aos olhos turvos
Da vistosa ilusão lhe foge o quadro.
Ministros do Furor, três vis algozes,
De buidos punhais a destra armada,
Contra a bela infeliz bramindo avançam.
Ela grita, ela treme, ela descora,
Os frutos da ternura ao seio aperta,
Invocando a piedade, os Céus, o amante;
Mas de mármore aos ais, de bronze ao pranto,
A suave atração da formosura,
  Vós, brutos assassinos,
No peito lhe enterrais os ímpios ferros.
  Cai nas sombras da morte
A vítima de Amor lavada em sangue:
As rosas, os jasmins da face amena
  Para sempre desbotam;
Dos olhos se lhe some o doce lume,
  E no fatal momento
Balbucia arquejando: "Esposo! Esposo!..."
  Os tristes inocentes
  À triste mãe se abraçam,
E soltam de agonia inútil choro.
  Ao suspiro exalado,
Final suspiro da formosa extinta,
  Os Amores acodem.
Mostra a prole de Inês, e tua, ó Vênus,
Igual consternação, e igual beleza:
Uns dos outros os cândidos meninos
  Só nas asas diferem,
(Que jazem pelo campo em mil pedaços
Carcases de marfim, virotes de ouro)
Súbito voam dois do coro alado;
Este raivoso, a demandar vingança
  No tribunal de Jove,
Aquele a conduzir o infausto anúncio
  Ao descuidado amante.
Nas cem tubas da Fama o grão desastre

Irá pelo universo:
Hão-de chorar-te, Inês, na Hircânia os tigres,
No torrado sertão da Líbia fera
As serpes, os leões hão-de chorar-te.
Do Mondego, que atônito recua,
Do sentido Mondego as alvas filhas
Em tropel doloroso
Das urnas de cristal eis vêm surgindo;
Eis, atentas no horror do caso infando,
Terríveis maldições dos lábios vibram
Aos monstros infernais, que vão fugindo.
Já c'roam de cipreste a malfadada,
E, arrepelando as nítidas madeixas,
Lhe urdem saudosas, lúgubres endeichas.
Tu, Eco, as decoraste;
E cortadas dos ais, assim ressoam
Nos côncavos penedos, que magoam:

"Toldam-se os ares,
Murcham-se as flores;
Morrei, Amores,
Que Inês morreu.

Mísero esposo,
Desata o pranto,
Que o teu encanto
Já não é teu.
Sua alma pura
Nos Céus se encerra;
Triste da Terra,
Porque a perdeu.

Contra a cruenta
Raiva ferina
Face divina
Não lhe valeu.

Tem roto e seio,
Tesouro oculto,
Bárbaro insulto
Se lhe atreveu.

De dor e espanto
No carro de ouro
O númen louro
Desfaleceu.

Aves sinistras
Aqui piaram,
Lobos uivaram,
O chão tremeu.

Toldam-se os ares,
Murcham-se as flores;
Morrei, Amores,
Que Inês morreu."

Epístolas e Sátiras

Elmano a Gertrúria

Pasce d'agna e'erbette, il lupo l'agne,
Ma il crudo Amor di lagrime si pasce.
TASSO, *Aminta*

Cá do pé das gangéticas ribeiras,
Inimigas da paz, e da alegria,
Cá dentre serpes, tigres, e palmeiras:

A ti, bela Gertrúria, Elmano envia
Seus gemidos terníssimos, e ardentes
Sobre as cinzentas asas da Agonia.

Se o teu fiel caráter não desmentes,
Se inda em teu coração não teve entrada
A variedade, o vício dos ausentes;

Se do voto recíproco lembrada
Suspiras por me ver, como suspiro
Por dar-te beijos mil na mão nevada;

Chorando escutarás o que profiro:
Estes queixumes vãos, que entrego aos ares,
Estes inúteis ais, que d'alma tiro.

Do santo abrigo de meus deuses lares
Pela Sorte cruel desarraigado,
E exposto em frágil quilha a bravos mares;

Sobre as espaldas do Oceano inchado,
Dirigindo tristíssimo lamento
Contra o Céu, contra Amor, e contra o Fado;

Debalde conjurando o rouco vento,
Em vão pedindo a Tétis sepultura
Nas entranhas do mádido elemento:

Pus, finalmente, os pés onde murmura
O plácido Janeiro, em cuja areia
Jazia entre delícias a ternura.

Ali, como nas margens de Ulisseia,
Prendendo corações brincavam, riam
Os filhinhos gentis de Citereia;

Mil Graças, que a vanglória trocariam
Em vergonhosa inveja à tua vista,
Usurpar-te meus cultos presumiam;

Eis olham como fácil a conquista;
Mas a fé me acompanha, a fé me alenta,
E constância me dá, com que resista.

Este combate a glória me acrescenta:
Conhece-se o valor do navegante
Em tenebrosa, horríssona tormenta.

Contemplando na ideia o teu semblante,
Pude evitar o escolho, onde naufraga
O coração mais livre, e mais constante;

Um virtuoso amor nunca se apaga;
O tiro de outra mão não faz emprego
Aonde a tua abriu tão doce chaga.

Sempre no mais cruel desassossego,
Sempre comigo mesmo em viva guerra,
Às vastas ondas outra vez me entrego.

Os negros furacões Éolo encerra,
Até que aos frouxos olhos se me of'rece
O bruto Adamastor, filho da Terra.

Vê-me o monstro, que ainda não se esquece
Da nossa antiga audácia, e logo exclama
Com voz horrível, que trovão parece:

"Ó tu, que de uma vã, caduca fama,
De uma ilustre quimera ambicioso,
A estrada vens saber do afoito Gama;

Tu, dos servos de Amor o mais ditoso,
Se as desordens fatais da louca idade
Te houvesse reprimido o Céu piedoso;

Tu, que de uma terrestre divindade
Memorando os encantos, e os agrados,
Deliras entre as garras da saudade;

O modelo serás dos desgraçados,
Porque mais, ó mortal, a ver não tornas
Meigos olhos, por Vênus invejados.

As correntes de lágrimas, que entornas,
Os suspiros, que exalas de contínuo,
A singular paixão, de que te adornas,

Nada revoga as ordens do Destino:
Que eu de opaca procela estenda o manto
Quer, e ao fatal decreto a fronte inclino;

Mas a tua aflição move-me tanto,
Que os olhos meus, a permiti-lo a Sorte,
Saberiam por ti, que coisa é pranto.

Das entranhas do Inferno arranco a morte,
Que a lei do Fado, a meu pesar, me obriga
A que a vida misérrima te corte.

Mares, lambei dos céus a base antiga,
Morra Elmano; adejai, dragões do Averno,
Sobre o veloz baixel, onde se abriga!"

Disse dos nautas o inimigo eterno,
E aos ares arrojou no mesmo instante
Medonhas trevas, pavoroso inverno.

O céu troveja, Éolo sibilante
Ora aos abismos, ora aos astros leva
Entre as asas da morte o lenho errante:

Sobre ele o mar violento a fúria ceva,
Rebentam cabos, não governa o leme,
Consternada celeuma ao ar se eleva.

Em tanto horror meu coração não treme,
Antes se alenta agradecendo ao Fado
Um bem, que implora — a morte, que não teme.

"Parcas! (eu grito) ó deusas, que a meu lado
Andais brandindo as foices carniceiras,
Inclinai para cá seu gume ervado:

O golpe em mim descarregai ligeiras,
Enquanto of'reço à cândida Gertrúria
O final pranto, as vozes derradeiras."

Céus! Que prodígio! O vento aplaca a fúria,
E a teu nome adorado a própria Morte
Não ousa, em dano meu, fazer injúria;

Teu nome vence a cólera da Sorte:
Torna a luz, foge a sombra, e já mil vivas
Os muros vão ferir da etérea corte:

Só eu choro o prazer, que tu motivas,
Só eu sinto escapar deste perigo,
Só eu culpo as estrelas compassivas.

A próspera derrota assim prossigo,
Até que vejo, e piso a sepultura
Dos tristes, que não têm na pátria abrigo.

Aqui vai sempre a mais minha amargura,
Aqui, pela Saudade envenenado,
Como espectro acompanho a Noite escura:

Aqui ninguém me atende (oh, negro fado!),
Nem deuses, nem mortais, ninguém me atende:
Tão molesto se faz um desgraçado!

Só teu suave nome, a quem se rende
O próprio deus de Amor, algum momento
Meu pranto enfreia, minhas ânsias prende.

Sou qual febricitante, que sedento
Em libar fresca taça alívio goza,
Afagando com ela o sofrimento.

Ai gesto encantador, face amorosa,
Que me inspiraste da paixão mais pura
A doce chama, a chama deleitosa!

Que torrente de gosto, e de ternura
Fizeste borbulhar no meu semblante,
Enquanto o permitiu minha ventura!

Qual na cálida sesta o caminhante,
Que em despenhada fonte, amena, e fria
Matar o vivo ardor vai anelante;

Tal nas asas do júbilo eu corria
A saciar em ti, vista adorável,
O sequioso amor, que em mim fervia.

Ó lúbrico prazer! Fortuna instável!
Apenas fui feliz, fui desgraçado;
Ó catástrofe acerba, e deplorável!

Mas tu, Gertrúria bela, ídolo amado.
Tu, meu único bem, cuja mudança
Me faria acabar desesperado,

Por piedade não percas da lembrança
O terno adeus, e as lágrimas, e os votos,
Com que ele vigorou minha esperança.

Vê que, entregue ao furor de horríveis Notos,
Vim, só por me fazer de ti mais digno,
A climas, do meu clima tão remotos.

Semblante, para mim, sempre benigno,
Reserva-me um sorriso, ele somente
Pode o meu astro serenar maligno;

Ele só me fará viver contente:
Só nele está suspensa a minha glória,
Só dele o meu sossego está pendente.

Voemos para o templo da Memória,
Nossa fidelidade ao orbe espante,
E sirva de modelo a nossa história;

A todo o baixo espírito inconstante
Para castigo apontem-lhe a firmeza
Do triste Elmano, e de Gertrúria amante;

Obra a mais singular da Natureza,
Erário dos seus dons, conheça o mundo,
Que és tão rara em amor, como em beleza;

Abunda nas saudades, em que abundo,
Manda-me lá desses ditosos lares
Nas asas da ternura um ai profundo;

Não tope densa nuvem pelos ares,
Que a fortaleza, que o calor lhe tire:
Venha, ah! Venha, apesar de imensos mares,

E em meus ouvidos, fatigado, expire.

Elmano a Josino

Dans ces climats... tout est sourd a mes cris.
Mme. DU BOCAGE, *Tragédie en cinq actes, Les Amazones*, acto IV, cena VI

Josino, meu Josino, a cujo lado
Gozei de alegres, venturosos dias,
Enquanto o quis Amor, e o quis o Fado:

Sócio meu que era atento, e mudo ouvias
A minha branda lira maviosa,
Ora a seus termos sons teu canto unias:

Tu, que da linda Márcia carinhosa
Inflamas com mil ósculos ardentes
As faces cor de neve, e cor-de-rosa;

Tu, que no ingênuo peito não consentes
O vício, que por lei da Natureza
Mancha, e corrompe os corações ausentes;

Tu, que adorando as aras da Beleza,
Tributas aos altares da Amizade
Puros incensos, exemplar firmeza;

Tu, que desta alma ocupas a metade,
Ouve o trêmulo som, com que suspira
Dentro dela a tristíssima Saudade.

Desde que a existência expus à ira
Do fero mar, meu peito não sossega,
Meu pensamento esfalfa-se, delira:

Indomável paixão, que a todos cega,
De teus conselhos falta, honrado amigo,
À desesperação minh'alma entrega.

Louco fui, não pensei (mil vezes digo)
Que em horas se trocassem de tormento
Horas tão doces, que passei contigo;

Fiei-me de um fugaz contentamento,
Devendo conhecer que os bens do mundo
São qual o sutil pó, que espalha o vento;

Por isso agora aflito, e vagabundo,
Estranho tanto o mal, por isso agora
De lágrimas sem fim meu rosto inundo;

Por isso na paixão, que me devora,
Invoco a muda paz da sepultura,
Da suspirada morte a feliz hora.

Míseros gostos! Mísera ternura!
Que sempre, injusto amor, teus servos tenham
Queixumes, que formai contra a ventura!

Uns, adorando ingratas, que os desdenham,
Tarde no escuro abismo, em que descansa
O desengano horrível, se despenham;

Outros, chorando a pérfida mudança
De uma alma desleal, enfurecidos
Coa morte arrostam, que no Inferno os lança;

Outros, enfim, como eu, correspondidos,
Depois em longa ausência amarga, e crua
Arrancam das entranhas mil gemidos;

Tal, fraudulento Amor, é a lei tua,
Lei, que o Fado aprovou para que a Terra
A si mesma, se estrague, e se destrua.

Ah, Josino fiel! Que horror faz guerra
Aos tristes olhos meus nestes lugares,
Onde me pôs a Sorte, onde me encerra!

Sem medo à fúria dos terríveis mares,
Vim do culto, benéfico ocidente
Viver com tigres, habitar palmares;

Aqui tórrida zona abafa a gente,
Ferve o clima, arde o ar, e eu o não sinto,
Que tu, fogo de Amor, és mais ardente;

Aqui vago em perpétuo labirinto
Sempre em risco de ver maligno braço
No próprio sangue meu banhado, e tinto;

Mas caso dos perigos eu não faço,
E que posso temer, quando procuro
Rasgar da frágil vida o tênue laço?

Enche-me, sim, de horror o culto impuro,
Ídolos vãos, sacrílegos altares,
Vis cerimônias deste povo escuro.

Eterno Deus! Não longe de Teus lares
Tépida nuvem de maldito incenso,
Dado ao negro Satã, perturba os ares.

Que tolerância tens, Monarca imenso!
Por mais crimes, Senhor, que o mundo faça,
Tudo releva Teu amor intenso.

Desce, ah, desce dos Céus, potente graça,
Difunde a santa luz, a santa crença
Pelos cegos mortais, que o erro enlaça!

Volto, Josino, a ti. Letal doença
Do báratro surgiu, veio intimar-me
A antiga, universal, cruel sentença;

Negras fauces abriu para tragar-me;
Porém, cedeu, rugindo, à voz divina,
Que a vida, a meu pesar, quis conservar-me;

Eis que pérfida mão cabal ruína
(Sepultando o dever no esquecimento)
A todos nos prepara, e nos destina;

Rasgado o peito cum punhal cruento,
Ia baixar o teu choroso amigo
Qual vítima inocente, ao monumento;

Uma alma infame, um bárbaro inimigo
Da fé, das leis, do trono, um desumano,
Credor de eterno, de infernal castigo,

Tendo embebido seu furor insano
Na falsa gente brâmane inquieta,
Que amaldiçoa o jugo lusitano.

Contra nós apontava a mortal seta,
Mas estorvou o inevitável tiro
A mão divina, poderosa, e reta;

Desenvolveu-se o crime, inda respiro,
E já destes, ó réus de atroz maldade,
Em vis teatros o final suspiro.

Eis, amigo, a recente novidade,
Que da remota Goa ao Tejo envio
Nas murchas, débeis asas da saudade.

A quem tem da tua alma o senhorio
Of'reço numa férvida lembrança
Provas do afeto, em que jamais esfrio.

Diz à minha dulcíssima esperança,
À suave prisão desta alma aflita,
Que no meu coração não há mudança;

Que estou gemendo aqui, bem como grita
Pelo perdido, alígero consorte
Viúva rola, que a floresta habita;

Que é a minha paixão, paixão tão forte,
Que há-de na escuridão da sepultura
Volver-me as cinzas, sup'rior à morte;

E que espero, apesar da ausência dura,
Por milagre de Amor, que os meus gemidos
Voando aos lares seus, aos seus ouvidos,

Lhe vão justificar minha ternura.

Ao Il.mo e Ex.mo Sr. Henrique José de Carvalho e Melo (Marquês de Pombal, etc.)

Seigneur, si jusqu'ici par un trait de prudence
J'ai demeuré pour toi dans un bumble silence,
Ce n'est pas que mon coeur, vainement suspendu,
Balance pour t'offrir un encens qui t'est dul.
BOLLEAU, *Discours au Roi*

Só conheço de ti grandeza, e nome,
Magnânimo Pombal; jamais teus olhos
Com doce, amável, usual brandura
De meus destinos, a humildade honraram;
Sempre Fortuna, do meu mal sedenta,
Vedou que, em teu louvor pulsando a lira,
Arremessasse o canto além dos tempos,
E em prêmio fosse de te dar meus hinos
Contigo reluzir na eternidade.
Declive espaço, que entre nós se estende,
Frouxo alento abatia ao vate ansioso,
Quando apenas tentava o cume excelso
Onde, reta uma vez, não caprichosa,
Te ergueu, te anima, te laureia a Sorte.
Hoje porém, senhor, que má Ventura
Golpes, e golpes sobre mim desfecha;

Hoje que férrea lei de negros fados
Me esmaga o coração, que enluta os dias,
Ao desmedido espaço a dor se arroja,
Lenitivo benéfico implorando,
Vence o longo intervalo, a ti se eleva

Dá me tão alto jus tua alta fama,
Minha tribulação tem jus tão alto;
Perante as almas, que a virtude acende,
É grave intercessor a adversidade;
O mortal infeliz, o desvalido,
Invoca o generoso, o pio, o grande;
O grande, o pio, o generoso abriga
Das fúrias do Destino o malfadado.

Cárcere umbroso, do sepulcro imagem,
Caladas sombras de perpétua noite
Me anseiam, me sufocam, me horrorizam.
Não rebelde infração de leis sagradas,
Não crime, que os direitos atentasse
Do sólio, da moral, da Natureza,
Neste profundo horror me tem submerso.
A calúnia falaz, de astúcias fértil,
Urdiu meus males, afeou meu nome,
Mil e mil vícios extraiu do Averno.
Minha fama, senhor, que honrada, ilesa,
Vagava o seio de Ulisseia altiva,
Foi pelo estígio bando assalteada;
Bramindo lhe enegrece a tez lustrosa,
Torna-lhe a nívea cor da cor do abismo;
Doura zelo impostor paixões danadas;
Delatores cruéis com arte envolvem
Vis interesses no ex'trior brilhante
Da razão, da justiça, e da verdade;
Cai a Inocência, vítima da Inveja,
Dos zoilos o rancor de mim triunfa.
Eis-me vedado ao sol, vedado ao mundo,
Eis a reminiscência apenas traça
O quadro do universo à minha ideia,
Que, se aos olhos ilusos dera assenso,
Julgara que inda os céus, que inda as estrelas
Não tinham rebentado à voz do Eterno;
Que a antiga escuridão, que o caos informe

No que hoje é Natureza inda reinava;
Que na mente imortal do Rei dos fados
Inda em mudo embrião jazia a Terra;
Memória e dor minha existência provam,
Porém dor, e memória o ser me azedam,
E a Desesperação, desfeita em pranto,
Inútil vida aborrecendo, anela
A paz, e o sono do insensível nada.
Sobre meu coração tormentos fervem,
E pela fantasia exacerbados
Se embebem no pavor da morte horrenda.
De um lado em trajo infame a vil Afronta,
Sórdido espectro me afogueia o rosto;
A doce Pátria de outro lado aflita
Um doloroso adeus me diz carpindo:
Aqui e ali mil pálidos fantasmas,
Prole do Medo, com visagens feias
Série me agouram de amargosos danos.
Nestes horrores a existência pasma,
O exercício vital em ócio fica,
Sentidos, forças o terror me absorve.
Tal é, gênio preclaro, a ordem triste
De meus funestos, nebulosos dias,
Dias marcados no volume eterno
Pela tórrida mão da Desventura.

Ah! No maligno século corrupto
Em que o duro egoísmo abrange a terra,
Inda restam, senhor, ao desditoso
Benignos corações, que se repartam,
Que para os seus prazeres só não vivam,
Que sintam, que venerem, que pratiquem
Lei no altar da Razão por Jove escrita,
Lei na infância do mundo ao mundo imposta:
"O homem favor e asilo ao homem preste,
Mútua beneficência os entes ligue."
Teu grande coração colheu tais dotes

No tesouro onde os zela a Natureza,
Mesquinha de seus dons coa terra ingrata.
Além da condição, o heroico exemplo
Em teu peito arreigou feliz semente,
Da qual se ergueram generosos frutos,
O varão providente, o pai da pátria,
O assombroso Carvalho, o luso Atlante,
Cuja vista mental descortinava
Os sumidos arcanos tenebrosos
Onde sagaz Política se entranha;
O decantado herói, que dentre as cinzas,
Dentre os dispersos, lúgubres estragos,
Efeitos de fenômeno terrível,
Mais ampla fez surgir, surgir mais bela
A vasta fundação dos gregos duros,
Que de soberbas torres majestosas,
De ingentes, suntuosos edifícios
Os ombros carregou d'alta Lisboa;
O político excelso, a cujo aceno
Vinham, prenhes de fúlgidos tesouros
Alterosos baixéis arfar no Tejo,
E a risonha Abundância dadivosa
Da fausta Lusitânia enchia os lares;
O zelador fiel do altar, do trono,
O escudo, o criador das leis, das artes;
Aquele enfim, senhor, que o véu soltando
Em que etérea porção jazia envolta,
Vive aos corações, nos Céus, na fama,
Teu memorável pai te abriu a estrada
Por onde foste ao pólo era que és luzeiro.
Nos elísios curvada à sombra ilustre,
Olhos fitos em ti, de lá te acena,
De lá se influi espíritos sublimes,
Prestante emulação com que o renovas,
Herói, fruto de herói, protege, ampara
Ente opresso, infeliz, que a ti recorre;
Lava-lhe as manchas da calúnia torpe;

Ao trono augusto da imortal Maria
Com lamentosa voz dirige, alteia
Do mísero Bocage os ais, e as preces;
Desfaz a treva que lhe espanca o dia,
Rompe as correntes, cujo som medonho
De Febo os gratos sons lhe descompassa,
Tremendo ao feio estrondo a voz, e a destra.

Já tocaste, senhor, da glória o cume,
Sócios (inda que raros) tens contudo;
Deles pode isolar-te um grau mais alto,
Grau onde o Fado oculta o bem que imploro.
Das avarentas mãos sobe a arrancar-lhe
O defeso penhor, minha ventura.
Nisto é virtude transcender o extremo;
Remindo um triste de opressão tão crua
As balizas transpõe da heroicidade.

Ao Il.$^{\underline{mo}}$ e Ex.$^{\underline{mo}}$ Sr. D. Tomas Xavier de Lima Brito Nogueira, etc.

(Marquês de Ponte de Lima, ministro e secretário de Estado dos Negócios da Fazenda)

Se aos míseros, senhor, não é vedado
No abismo, em que os confunde a desventura
Seus males exprimir, chorar seu fado;

Minha consternação, minha amargura,
Vai demandar em ti sagrado asilo,
Acolheita eficaz em ti procura.

Têm as angústias enfadoso estilo,
Mas tu, atento às leis da Humanidade,
Tu não te hás-de enojar, senhor, de ouvi-lo.

Outros querem louvor, eu só piedade;
Piedade — que a perder o gosto à fama
Até já me ensinou a adversidade!

De etéreo dom, que espíritos inflama,
A chama nos suspiros se evapora,
Ou se apaga nas lágrimas a chama.

Dos louros, que cingi, não cuido agora;
É meu único objeto o lenitivo
Da tenaz aflição, que me devora.

Em cárcere, a que o Sol medroso, esquivo,
Seu lume benfeitor jamais envia,
E onde somente a dor me diz que vivo;

Na ideia, com que apenas sei que há dia,
Encarando, senhor, tua grandeza,
Tua alma generosa, afável, pia;

Dentre as sombras da noite, e da tristeza
Vendo luzir mil dons, com que a Ventura
Se uniu, por glória tua, à Natureza;

A Sorte se me antolha menos dura,
Pondero o teu favor, saudável porto
Contra os horrores de procela escura;

Por vil calúnia moralmente morto,
À física extinção darei o alento,
Se imaginário for este conforto:

O rumor, que me ultraja, é fraudulento;
Senhor, meu coração não jaz corrupto,
Corrupto não está meu pensamento.

Detesto o falso, o ingrato, o dissoluto;
Do triste, do infeliz não olho ao dano
Com férreo desamor, com rosto enxuto;

Vejo a cópia de um Deus no soberano,
Curvo-me às aras, e em silêncio adoro
D'alta religião o eterno arcano;

Sim, erros cometi, mas erros choro;
Não com pranto sagaz, que a vista ilude,
Da abjeta hipocrisia ardis ignoro.

O brilhante caráter da Virtude,
Arma contra os aspérrimos destinos,
Tem cultos meus: o imparcial me estude.

Na quadra das paixões, dos desatinos,
Se deixei de cumprir fiel, exato,
Preceitos veneráveis, sãos, divinos;

Não sou para com Deus só eu o ingrato;
Muitos, que me enegrecem, que me afeiam,
São talvez meu modelo, ou meu retrato.

Remorsos devorantes não me anseiam;
Mais fraqueza do que índole, meus vícios
As forças da razão me não sopeiam.

Eis, senhor, porque espero achar propícios
Teus influxos comigo, e que derrames
Por minhas aflições teus benefícios.

De mordazes insetos vis enxames
Me ferem, me envenenam; vão lançando
Sobre o caráter meus lábios infames;

Embebe o coração flexível, brando,
Na maviosa dor, que em mim suspira,
Que em mim por teu socorro está chamando.

O Deus, a que um só aí remove a ira,
O Eterno, o Benfeitor, o Onipotente
Doce clemência na tua alma inspira.

Se apraz aos Céus um ânimo inocente,
Também é grato aos Céus o arrependido;
Uma lágrima extingue o raio ardente.

Deixa pousar, senhor, no atento ouvido
A queixosa, tristíssima linguagem,
As súplicas e os ais de um perseguido.

Do susto, da opressão, do horror, do ultraje,
Solta, restaura com piedade intensa
Os agros dias do infeliz Bocage.

Teu braço, teu poder meus fados vença,
Como atrás nuvens de vapor maligno,
Rebate o Sol coa fúlgida presença;

Ganha-me a compaixão do herói benigno,
Do príncipe imortal, que em nós impera,
Não só de um trono, de mil tronos digno.

Tolhe-me as fúrias da calúnia fera,
Que o prêmio singular, prêmio sublime,
O que o mundo não dá, nos Céus te espera.

Teu peito de meus males se lastime;
Erros tenho, não crimes, cometido;
O erro exige perdão, castigo o crime.

Inda que da ventura és tão querido,
Inda que o Céu te ergueu a excelso estado,
Mais é valer, senhor, ao desvalido,

Mais é tornar feliz um desgraçado.

Ao Sr. Joaquim Rodrigues Chaves

A ti (que às outras leis da Humanidade,
Cumprindo-as, antepões a mais formosa
De todas as virtudes, a Piedade)

A ti, cá d'erma estância pavorosa,
Onde férreo poder o some ao dia,
Voa do ansioso amigo a voz queixosa.

A voz de Elmano, a voz que te atraía,
Quando em verso mimoso eternizava
Graças, encantos, perfeições de Armia.

Meus puros dias o prazer dourava,
Enquanto contra mim fatal procela
No bojo da calúnia fermentava.

Onde crime não há, não há cautela;
Por não temer-me da brutal fereza
Qual vítima sucumbo às fúrias dela.

Fera, ardente aversão no Inferno acesa,
Em grave tribunal ousou pintar-me
Escândalo do Céu, da natureza.

Dos vícios, que levava, ousou manchar-me;
Foi escutada a vil, a vil foi crida,
Dura força correu a agrilhoar-me.

De feroz condutor mão desabrida
Eis me arremessa em hórrida masmorra,
Onde coa morte se parece a vida.

Aqui, longe de haver quem me socorra
Na solidão funesta, em que desmaio,
Sem que importe ao rigor que eu viva, ou morra;

Neste da sepultura escuro ensaio,
A que às vezes o Sol compadecido
Dirige a furto, a medo um tênue raio:

Volvendo-te, meu Chaves, no sentido,
Os benefícios teus chamando à mente,
E os males de que fui por ti remido,

Surjo dentre as angústias de repente;
Desenrugando as faces a Tristeza,
Uma doce esperança me consente.

O soberano Autor da redondeza
Parece que te quer, piedoso amigo,
Da minha redenção fiar a empresa.

De Bocage infeliz sê pronto abrigo,
Estorva que se mirre um desgraçado
Neste mal, neste horror, neste jazigo.

Do crime corruptor não fui manchado;
Alta religião me atrai, me inflama,
Amo a virtude, o trono, as leis, o estado.

Acima de meus zoilos me ergue a fama;
Eis porque o negro bando atroz, maldito,
Sobre as minhas ações seu fel derrama.

Só erros cometi (é este o grito
Da ingênua consciência) mas padeço
As penas com que a lei fere o delito.

Depois que nestas sombras esmoreço
Duas vezes brilhando a plena Lua
Tem roubado às estrelas o áureo preço.

Ah! Funde-se o teu nome, a glória tua
No pio intento de romper-me o laço
Que a Sorte me lançou raivosa, e crua.

Do benigno Laurênio invoca o braço;
O braço, protetor dos desditosos,
Jamais em dons benéficos escasso;

Ele aos ouvidos fáceis, e piedosos
Do sublime varão, do egrécio Lima
Conduza meus suspiros lastimosos:

Que eu, a quem Febo acolhe, acende, estima,
Da honrosa gratidão arrebatado,
Ornarei seu louvor de eterna rima:

Os Céus na sua mão depõem meu fado;
Alma heroica, imitando-lhe a clemência,
Me arranque deste cárcere enlutado,

E me reforce a lânguida existência.

Ao Sr. Joaquim Severino Ferraz de Campos

Ut vidi! Ut perii! Ut me malus abstulit error!
VIRGÍLIO, Écloga VIII

Teus versos li, reli, canoro Alcino,
Graças, e graças me acordaram neles
Do letargo em que tinha a mente absorta,
Em que sempre sonhei fatais verdades!
Não te assombres, amigo, assim se exprime
Pela voz da exp'riência o Desengano.
Os sonhos do infeliz não são quimeras,
Negros filhos do mal, ao pai semelham,
Colhem d'alma o terror, as sombras colhem,
De nós mesmos, em nós (digo nos tristes,
Nos míseros como eu) surgem, ressurgem.
Já, quais manchados tigres famulentos,
Ferram nos corações o dente, as garras,
Já de pesada e lôbrega procela
Vestem medonha cor, que as Fúrias trajam;
De mar subitamente acapelado
Com rígido tufão revolvem serras;
Arde, retumba o céu, roto de raios.

De Esperança o baixel em vão mareia;
Terrível repelão lhe rasga o pano,

Repentino escarcéu lhe rouba o leme;
Arfando aos astros vai, vai aos abismos,
Nas ondas em montões negreja a morte;
O piloto Razão, sem luz, sem rumo,
Solta inútil clamor, enfim desmaia,
E o lenho, entregue a si, dá no rochedos
Do enorme, do voraz, do horrível pego.

Que é isto, Alcino meu, senão a imagem
De agros martírios coa existência envoltos,
Presos (parte integrante) aos desgraçados!
Males, ou vele, ou durma, encontro n'alma;
Os olhos corporais, e os olhos dela
De tormento, de horror veem mil objetos.
Objetos sempre iguais, os mesmos sempre,
Ou se a substância, e forma alguns variam,
Tomam forma pior, pior substância.

Tu, vã Filosofia, embora aviltes
Os crentes nas visões do pensamento:
Turvo clarão de raciocínios tristes
Por entre sombras nos conduz, e a mente
Rastejando a verdade, a desencanta:
Nem doloroso espírito se ilude,
Se o que dormindo creu, crê despertando.
Até no afortunado a vida é sonho
(Sonho, que lá no fim se verifica),
E ansioso pesadelo em mim, que a choro,
Em mim, que provo o fel da desventura
Desde que levantei, que abri, carpindo,
Os olhos infantis à luz primeira:
Em mim, que fui, que sou de Amor o escravo,
E a vítima serei, e o desengano
Da suprema paixão, por ti cantada

Em versos imortais, como o princípio
Etéreo, criador, de que emanaram.

Neles, o vate, ressumando o néctar,
Por mão das Musas para ti filtrado,
N'alma se me entornou, fez-me serena
No opresso coração do pranto a fonte.
Eis, ganhando o sabor ao metro ameno,
Sobem lágrimas doces dentre amargas,
Natureza, Razão, Filosofia,
Amor, o infesto Amor, o algoz de Elmano,
Tesouros do Prazer se me antolharam
Nos quadros, que esparziu pincel divino.

Milagres da harmonia! Eu vos adoro,
Milagres da harmonia, ah! Vós pudestes
Mais em minh'alma que exp'riência e fados.
Trouxestes-me outro ser, outras ideias,
Até outro universo, outros destinos
Em áureas ilusões à fantasia!
Sim, pareceu-me em vós a Natureza
Bela como saiu das mãos de Jove!

Cuidei que amor suave, amor piedoso
Recompensava um ai com mil favores
(Se um ai no coração princípio tinha):
Cuidei que em laço de ouro, em laço eterno
Os entes à ventura amor ligava,
Cuidei que era de um deus penhor, e prova.

Não de Ulina desdéns, sorrisos dela
Na face angelical supus que via;
Supus que em seu gentil, seu níveo colo,
Nos olhos divinais o ardor cevando,
Cevando o coração na rósea boca,
Em mistérios de amor despindo a essência,
Me era dado elevar-me ao grau de nume,

As delícias do Céu gozar na Terra.
Então vociferei, como encantado:
Existir sem amar! Que horror! Que inferno!
Não: viva-se de amor, de amor se morra.

Mas dentro em pavorosa, antiga selva,
De teixos, de ciprestes assombrada,
Que das nuvens os véus, que os véus da noite,
Rebombando o trovão, rugindo o vento,
Tornaram mais escura, e mais horrenda,
Se aflito, solitário viandante,
Para aqui, para ali vagando incerto,
Dentre aquele pavor sombrio, imenso
Vê romper um clarão, que nasce, e morre:
A momentânea luz que lhe aproveita?
Coa feia solidão recai nas trevas,
E as trevas o relâmpago reforça.

Sonoroso cantor, prezado amigo,
Eu sou do caminhante a cópia triste,
Teus versos o fulgor, que alguns momentos
Aclarou na minh'alma antigas sombras.
Ela no mal, na dor caiu de novo,
E a imagem d'alegria à minha ideia
O abismo da aflição tornou mais denso.

De um lado as Graças, de outro lado as Fúrias.
Atrativos daqui, dali tormentos.
Surge Ulina outra vez, qual é, qual era,
Dura, e querida, divindade, e monstro.
Para mim, para mim tropel de horrores
(De horrores, cujo apuro é tu, Ciúme).
Lhe abre o caminho, lhe dirige o passo:
A férrea Ingratidão precede a todos,
E contra o peito ebúrneo lhe respira
Atros vapores, que engoliu no Averno.

Celestes perfeições, morreis com eles,
Rosas de Amor, a Ingratidão vos murcha;
Com ela não brilhais, lumes formosos,
Magos sorrisos, não brilhais com ela:
Sois mancha, não sois glória à Natureza,
Sois do mundo o veneno, a peste, a morte...,

Alcino, eu desespero, Alcino, eu morro!
Tu, que aos delírios meus a origem sabes,
Que os meus extremos viste, e o prêmio deles,
E que fruto colhi, que fruto acerbo,
Vê se Amor, se a Razão merecem culto,
Vê, quais são: ela fraca! Ele tirano!
A que tanto esplendor toma em teus versos
De emanação de Jove arroga o nome,
E aos pés de ímpio senhor cai vil escrava!
Ah! Se negra paixão, que enluta os dias
Ao vate carpidor, ao cego amante,
No peito do infeliz se aniquilara!

Se revivesse enfim o ardor sagrado,
Onde funesto ardor só de ânsias vive,
Como teu estro sobe o meu subira
Nas asas da harmonia ufana, e leda,
Afoito demandando eternidade.

De ti, cisne de Amor, cisne do Tejo,
Que imaginários bens no campo adornas,
Por mais e mais que estude os sons mimosos,
Ave das sombras, costumada ao pranto.
Gorjeio encantador colher não pode.

Amor sabes cantar; eu sei chorá-lo:
Inata propensão domina os entes:
A Natureza em mim, e em ti murmura:
"Elmano chore Amor, Alcino o cante."

Da Sorte, caro amigo, a lei sigamos:
Nosso temperamento é nosso fado,
Fado contudo, ó Jove, a ti sujeito!

Ao Il.^{mo} e Exmo Sr. D. João José Ansberto de Noronha (Conde de S. Lourenço, etc.)

Semper honos, nomenque tuum, laudesque manebunt
VIRGÍLIO, *Eneida*, Livro I

Sábio varão, que na rugosa idade,
No inverno da existência, quando em tantos
É gelo o coração, e é gelo a ideia,
Conservas o verdor do sentimento,
O viço da razão! Cultor de Palas,
Da virtude cultor, que a tens no peito
Qual a teve no seio o Capitólio,
Antes que o luxo d'Ásia o corrompesse,
E quando da charrua heróis saíam!
Ó tu, que revolveste, e que revolves
Venerandos anais de Grécia, e Roma,
Onde, instinto a Virtude, instinto a Glória,
Como feitos comuns olhou portentos!
Tu, que entras o liceu, que no areópago
Sócrates vês, e Sócrates te sentes;
Dele a filosofia, os dons possuis,
E, outrora perseguido, outrora opresso,
Dele (exceto a cicuta) houveste os males:
Ilustre, generoso, honrado, e grande,
Sem carecer de avós, quais mil carecem,
Sendo insignes os teus, quais mil não foram:
Meus versos hoje a ti seu voo alteiam,

Vão hoje versos meus contigo honrar-se,
Aura celeste respirar contigo,
No asilo da Ciência, da Piedade,
No asilo, que teus dias abrilhantam,
Que a moral tua purifica, e doura.

Longe um mundo apestado, um mundo inferno,
Onde ardem Fúrias, e triunfa o Crime;
Onde negra política enroscada
Determina invasões, desenha horrores,
Gosta cenas da morte, ao longe abertas,
Quer sorver sangue humano em taças de ouro,
Quer cinza os campos, as cidades cinza,
Quer, nume assolador, dar leis ao nada,
E em púrpuras descansa, e dorme, e folga,
Sonhando a execução de empresas brutas.

Graças, Deus benfazejo! Inda na terra
Existem lares, que demande a Musa,
Virgem mimosa, cândida, inocente,
Que treme ao raio, que ao trovão desmaia,
Que ao vício cora, e que só preza o louro
Quando é c'roa do engenho, e não da fúria!

Graças, Deus providente! Inda na terra
Vive a Sabedoria! Inda teus olhos,
Teus olhos, de que ao sol emana o lume,
Com paterno sorriso em lares pios
Se empregam, se detêm, e os creras parte
Da tua habitação, dos teus elísios,
Se pudera iludir-se a vista imensa!

Noronha benfeitor! Pintei a estância
Da Razão, da Virtude, a estância tua.
Que horas douradas, que formosos dias
Nela dos lábios teus pendi, qual pende
De face encantadora aceso amante.

Lá na quadra viçosa em que o delírio
Das galas da ventura se atavia!
Mas que fruto diverso em ti se colhe!
Colhe-se o fruto da moral sagrada,
D'alta religião, de áurea ciência,
De sãos princípios, que debalde inverte
Tropel infecto de paixões danosas!

O preceito no exemplo confirmavas,
Noronha, homem comigo, homem com todos,
E, ouvindo-te, um ser novo em mim sentia.

Ah! Não taches, senhor, ah! Não crimines
De ingrato, de esquecido o triste vate,
Que foi por teu favor, por teus auspícios
Ao túmulo dos vivos arrancado,
Onde torva Calúnia o ferrolhara,
Estígia sombra, que persegue os gênios,
Qual tu és benfeitor, tal eu sou grato;
Em quadro paternal a imagem tua
Sempre me adorna, me esclarece a mente.
Semideus para mim! N'alma te invoco.
Dos infelizes pai! Tua constância
Nas procelas da vida é meu Santelmo,
Constância, que luziu na desventura,
Qual o planeta majestoso, augusto
Com flamas de ouro dardejando as sombras.

Se a beber novo brilho, ideias novas
Nas asas da Saudade a ti não voo,
É que férreo dever, grilhão sagrado
No pobre, tosco alvergue me acantoam.
Lucro mesquinho de vigílias duras,
Patrimônio dos vates (e não sempre)
Sustêm meus dias, que parecem noites,
E esteio aos dias são de irmã, que terna
Curte comigo tormentosos fados.

Enquanto o gênio cai, cedendo aos males,
Nos áureos coches, que importaram crimes,
Campeiam vãos autômatos pomposos,
Soltos do pó, que o berço lhes manchara;
Neles glória, virtude, amor é ouro,
Neles o anel reluz, a alma negreja,
Neles a Natureza envergonhada,
Ao seio da Fortuna os arremessa,
De carinhosa mãe lhes nega o nome,
E só na morte os haverá por filhos.

Ah! Meu grande projeto era cantar-te,
E a Sorte me desmancha o plano honroso.
Eis te peno, senhor, eis te enterneço;
Releva-me o costume; usada ao pranto,
Minha Musa infeliz cantando arqueja,
E se em honra de alguém lhe alegro as vozes,
Só aos dignos do canto o canto envio;
Que às lisonjas servis não sei torcer-me
Provo, esmaltando com teu nome o verso;
Pouco eu não fora, se não fosses muito,
O que digo de ti, de ti procede;
Do nada torreões não ergo às nuvens,
Em século de infâmias sou romano:
Neguem-no os zoilos meus, se a luz se nega!

Tu, romano inda mais, maior nos fados,
Nos méritos maior! Sereno acolhe
De terna gratidão votiva of'renda:
É tênue, mas fiel, vulgar, mais pura;
E altamente cantar-te a quem foi dado?
Cabia teu louvor de Esmirna ao vate:
Só nele há verso, que te iguale a fama.

Ao Rev.[mo] Padre-Mestre Fr. José Mariano da Conceição Veloso

Qual de entre as rotas, náufragas cavernas
Do lenho, que se abriu, desfez nas rochas,
Colhe afanoso, deplorável nauta
Relíquias tênues, com que a vida esteie,
Em erma, ignota praia, a que aboiaram,
E onde o custo o remiu propícia antena:
Tal eu, que da existência o pego, o abismo
(De que assomam, rebentam, surgem, fervem
Rochedos, escarcéus, tufões, e raios)
Tal eu, que da existência o mar sanhudo
Vi romper meu baixel, e arremessar-me
A inóspitos montões de estranha areia,
Triste recolho os míseros sobejos
Com que esvaído alento instaure, esforce,
E avive os dias, que amorteço em mágoas.

Em ti, constante, desvelado amigo,
Demando contra a Sorte asilo e sombra:
Ó das Musas fautor, de Flora aluno!
(Rasgado o véu da alegoria) estende
Ao metro, que desvale, a mão, que presta.

Se asas lhe deres, em suave adejo
De Lísia ao seio, que a virtude amima,
Dela cultores, voarão meus versos,
O pátrio, doce amor, ser-lhe-á piedoso.

Pena de Talião
(Ao Padre José Agostinho de Macedo)

Tu nihil invita dices, faciesve Minerva.
HORÁCIO, *Arte Poética*, V. 385

Invidia rumpantur ut ilia Codro.
VIRGÍLIO, Écloga VII

Sátiras prestam, sátiras se estimam
Quando nelas Calúnia o fel não verte,
Quando voz de censor, não voz de zoilo
O vício nota, o mérito gradua;
Quando forçado epíteto afrontoso
(Tal, que nem cabe a ti) não cabe àqueles
Que já na infância consultavam Febo.
Elmiros de Paris, Cotins, são vivos
No metro de Boileau, mordaz, mas pulcro;
Codros, Crispianos, Cluvienos soam
No latido feroz do cão de Aquino,
Desse cuja mortal, mordendo, imitas,
E cuja fantasia em vão rastejas.
Nos ígneos versos, que Venusa ilustram,
Nos que de fama eterna honraram Mântua,
Envoltos no ludíbrio existem Bávios,
Mévios existem; e a existência deles,
Se pudesses durar, seria a tua.

Refalsado animal, das trevas sócio,
Depõe, não vistas de cordeiro a pele!
Da razão, da moral o tom, que arrogas,

Jamais purificou teus lábios torpes,
Torpes do lodaçal, donde zunindo
(Nuvens de insetos vis) te sobem trovas
À mente erma de ideias, nua de arte.
Como hás-de, ó Zoilo, eternizar meu nome,
Se os Fados permanência ao teu vedaram?
Se a ponte, que atravessa o mudo rio,
Que os vates, que os heróis transpõem seguros,
Tem fatal boqueirão, por onde absorto
Irás ao vilipêndio, irás ao nada,
Ficando em cima ileso, honrado o nome,
Que em ditérios plebeus, em chulas frases
Debalde intentas submergir contigo?
Empraza-te a Razão; responde... e treme!

Do filósofo a tez, a tez do amante,
Meditativo aspecto, imagem d'alma,
Em que fundas paixões a essência minam
(Paixões da natureza, e não das tuas)
O que aparece em mim, à vista abjeto,
A mesta palidez, o olhar sombrio,
O que preterição desengenhosa
Dos sujos trívios na linguagem aponta,
Que importa, ó Zoilo, ao literário mundo?
Que importa descarnado, e macilento
Não ter meu rosto o que alicia os olhos,
Enquanto nédio, e rechonchudo, à custa
De vão festeiro, estúpida irmandade,
Repimpado nos púlpitos, que aviltas,
Afofas teus sermões, venais fazendas
(Cujos credores nos elísios fervem),
Trovejas, enrouqueces, não comoves,
Gelas a contrição no centro d'alma;
Ostentas férreo númen, céus de bronze,
E, a cada berro minorando a turba,
Compras n'aldeia do barbeiro o voto,
Ali triunfas, e a cidade enjoas?

Tu, de cérebro pingue, e pingue face
Farisaica ironia em vão rebuças
Com que a penúria ao desvalido exprobras;
Que tem coa Natureza o que é da Sorte?
Ou dá-me o plano de atrair-lhe as graças
(Mas sem que roje escravo) ou não profanes
Indigência e moral, quais tu não citas.

Pões-me de inútil, de vadio a tacha,
Tu, que vadio, errante, obeso, inútil,
As praças de Ulisseia à toa oprimes,
Ou do bom Daniel na térrea estância
Peçonhas de invectiva espremes d'alma,
Que entre negros chapéus também negreja,
E ante o caixeiro boquiaberto arrotas,
Arrotas ante o vulgo a enciclopédia;
Fadas, agouras o esplendor, que invejas,
Arranhas mortos, atassalhas vivos,
Insultas a grandeza, a imunidade
Do eterno Mantuano, e dás a Estácio
Um grau, que entregue ao deus, que ardendo em estro
De Tebas o cantor tentar não ousa,
Quando a Musa da morte enfreia os voos,
E quer que a Eneida cá de longe adore.

Da preferência atroz inda não pago
Das Graças ao cultor, de Amor ao vate,
De Nasônia elegia aos sons piedosos,
Que o Ponto ouviu com dor, com mágoa o Tibre,
Versos prepões, sarmático-latinos,
Versos, que inda ao burel, e ao claustro cheiram,
E que, afrontoso a ti, de aplausos c'roas,
Só por distarem de teus versos pouco.

Sanguessuga de pútridos autores,
Que vais com cobre vil remir das tendas,
Enquanto palavroso impões aos néscios,

E a crédulo tropel roncando afirmas
Que revolveste o que roçaste apenas;
(Falo das artes, das ciências falo):
Enquanto a estátua da Ignorância elevas,
Os dias eu consumo, eu velo as noites
Nos desonrados, indigentes lares;
Submisso aos fados meus ali componho
À pesada existência honesto arrimo,
Coa mão, que Febo estende aos seus, a poucos.
Ali deveres, que não tens nem prezas;
Com fraternal piedade acato, exerço,
Cultivo afetos à tua alma estranhos,
Dando à virtude quanto dás ao vício;
Não me envilece ali de um frade o soldo;
Ali me esforça ao gênio as ígneas asas
Coração benfazejo, e tanto, e tanto
Que a ti, seu depressor, protege, acolhe;
Que em redondo caráter te propaga
A rapsódia servil, poema intruso,
Pilhagem, que fizeste em mil volumes,
Atulhado armazém de alheios fardos,
Onde a Monotonia os mexe, os volve,
E onde a teimosa apóstrofe se esfalfa,
Já cos céus entendendo, e já coa terra.

Inda não me elevei do Pindo ao cume
Com fama, que assoberbe os sumos vates;
Porém, graças ao dom, que não desdouras
Coa birra estulta de emperradas trovas,
Vou sobranceiro a ti, de longe te olho,
E na pública voz, que se não merca,
Elmano a cisne aspira, Elmiro é ganso,
É ganso que patinha, e se enlameia
Em podres lodaçais, pauís do Letes.
A círculos pueris, a vãos Narcisos,
A Lucrécias na sala, e Laís na alcova,
E inda às sérias do tempo os "bravos" poupo;

Insulso rimador de facho e setas,
Nugas não douro, não mendigo aplausos
De vácuas frontes, plagiárias línguas;
Não sou, nem de improviso, o que és de espaço!

Claro auditório meu, vingai-me a glória!
Vós, que em versos altíssonos mil vezes
Me vistes ir voando às fontes do Estro,
Dizei, se me surgiram Grécia, Roma
Nas prontas explosões do entusiasmo.
Se a razão, se a moral, se as leis, se a pátria
Do metro destemido objetos foram,
Ou das Marílias de hoje o riso ensosso,
Dos olhos o comércio, e não das almas,
O melindre sagaz, lição materna,
E a mercantil firmeza, a cem votada?
Dizei... Mas contra ti sobeja Elmano;
Teus uivos, teus latidos não me aterram;
Sou do novo trifauce Alcides novo;
Inda não farto de arrancá-lo às sombras
As três gargantas levarei de um golpe;
E se a canina espuma, ou sangue infecto
Monstros gerar, que multiplique a morte,
Das Fúrias o tição lhes torre as frontes.

Braveja, detrator, braveja, insano!...
Arde, blasfema em vão, de algoz te sirva
Tenaz verdade, que te rói por dentro.
Na voz deprimes o que admiras n'alma;
Se provas queres, eu te exibo as provas
Do que teu coração desdiz dos lábios.
Traz à mente o lugar, e a vez primeira
Em que, dado à tristeza, e curvo aos ferros,
Olhaste, ouviste Elmano, e grande o creste,
Quando inda os voos tímido soltava
Na imensidade azul, que aos astros guia;
Quando (não como por sistema o finges,

Mas só da Natureza endereçado)
Seguia o rasto de amorosos cisnes,
Pousando muito aquém do grau que ocupa:
Ainda carecente da ígnea força
Que à pátria deu Leandro, Inês, Medeia,
O Antro dos zelos, de Areneu e Argira
A história, que o sabor colheu de Ovídio,
Na dicção narrativa experta, idônea,
E o mais, às Musas grato, e grato a Lísia.

Da estância, onde nem sempre habita o crime,
Epístola sem sal por ti guisada,
Em tais louvores incluiu meu nome:
Versos escuta, que negar não podes;
Estilo é teu, monotonia é tua;
O que neles se envolve, escuta, em prêmio
Da empresa, que tomei, de os pôr na mente:
"Do centro desta gruta triste, e muda,
Fecundo Elmano, pelas Musas dado,
O prisioneiro Elmiro te saúda,
De teus áureos talentos encantado;
De ti só fala, só por ti suspira,
Em teu divino canto arrebatado...";
Quem "fértil" nomeaste, e quem "divino"
Hoje é servil, monótono, infecundo,
De texto opimo intérprete engoiado?
Coa idade e estudo o gênio em todos cresce,
E em mim desfaleceu coa idade, e estudo?

Responde ao teu juiz, ao são critério,
Réu de lesa-razão! Trazer à pátria
Nova fertilidade em plantas novas,
Manter-lhe as flores, conservar-lhes os frutos,
Quais eram no sabor, na tez, na forma,
Sendo o tronco, a raiz, a copa os mesmos,
Sem que os estranhe, os desconheça o dono,
É fadiga vulgar? Não tem mais preço

Do que esse, que os carretos galardoa
Do galego boçal nos férreos ombros?
Verter com melodia, ardor, pureza
O metro peregrino, em luso metro,
Dos idiotismos aplanando o estorvo,
De um, doutro idioma discernindo os gênios,
O caráter do texto expor na glosa,
Próprio tornando, e natural o alheio,
É ser bugio, ou papagaio, Elmiro?
Confronta originais, e as cópias deles;
Verás se a Musa, que de rastos pintas,
No voo altivo o Sulmonense atinge,
Castel transcende, e com Delille ombreia.

Citas um verso mau, mil bons não citas?
Citas um verso mau, que não transforma
Em matos os jardins? É natureza
Estarem par a par espinhos, flores.
E não sabes, malévolo, que a regra
Une a tênues objetos simples frases?
Se imparcial, se crítico escrevesses,
Centenas de áureos versos apontaras,
Sem de um só deduzir sentença iníqua.

De Ausônia o quadro, ou venerando, ou belo,
Com justa, sábia mão presentarias;
Idades cento blasonando ao longe
Coa ruína imortal da excelsa Roma;
Ante as aras carpindo Amor, Saudade,
E ao Céu medrosas lágrimas furtando;
Aos amigos dos homens, e aos dos numes
Na terra verdejando elísios novos;
Correntes sem rumor, como as do Letes,
Os males na memória adormecendo,
E em mármores coríntios alvejantes
O grande Fénelon, e o grande Henrique.
Se o rival de Virgílio (o que proclamas,

Porque de Gália é filho, e não de Lísia,
A cujo seio, em que borbulham gênios,
Chamas com língua audaz estéril deles)
Se o rival de Virgílio ouvisse os versos
De intérprete fiel, não rude escravo,
Honrara cum sorriso úteis suores.

Pede ao mole Belmiro, anão de Febo,
Ao que ergues uma vez, e mil derrubas;
Pede ao vampiro, que a ti mesmo há pouco
Nas tendas, nos cafés deveu sarcasmos;
Pede ao bom Melizeu, d'Arcádia Fauno,
De avelada existência, e mente exausta,
Que afetas lamentar, e astuto abates,
Que por alféloa troca os sons de Euterpe
(Os sons da sua Euterpe, e não da minha),
Diz ao teu coro, de garganta indócil
(Sem que esqueça o Pigmeu no corpo, e n'alma),
Dize dos corvos de Ulisseia ao bando
Que, intérpretes qual fui, de exímios vates,
Não pagos de ir no rasto o voo alteiem:
Ou tu mesmo apresenta, of'rece à crise
De gordo original versão mirrada,
Sulcado o Estácio teu de unhadas minhas,
De muitas, que sofreste, e que aproveitas;
Nele (ó mágoa! Ó labéu!) por ti mudados
A pompa na indigência, o luto em riso;
Mostra em teus versos as imagens suas
Tíbias, informes, encolhidas, mortas:
Desdentado leão, leão sem garras,
Que à longa idade sucumbiu, rugindo;
Mas leão, que de perto inda é terrível,
E que no quadro teu vale um cordeiro.
Ousa mais: a Lusíada não sumas,
Que o número de versos fez poema,
Tal, que seu mesmo pai sem dor o enterra.
Expõe no tribunal da Eternidade

Monumentos de audácia, e não de engenho;
O prólogo alteroso, em que abocanhas
Do luso Homero as veneráveis cinzas,
E não de inepto, de apoucado argúas
Quem, porque teme a queda, encolhe as asas;
Quem, de efêmeros "vivas" não contente,
Chegando a mais que tu, se atreve a menos.

Nem somente Melpômene dispensa
Grão nome, nem Calíope somente.
Como os Voltaires na memória vivem,
La Fontaines, Chaulieus subsistem nela;
Todos têm nome, e grau: tu mesmo o dizes,
Contraditório, túmido versista.
Tema, que escolhes, gênero, que abraças,
Não te honra, nem desluz; no desempenho
O lustre, a glória estão. Tem jus à fama
O vate, ou cante heróis, ou cante amores,
Contanto que de Febo as leis não torça,
Aos mui vários assuntos ajustadas.
Coa matéria convém casar o estilo:
Levante-se a expressão, se é grande a ideia,
Se a ideia é negra, a locução negreje,
E tênue sendo, se atenue a frase.

Segue o que tens de cor, mas não praticas,
Serás o que não és, o que não foste,
Quando das "Musas no Almanaque" (ai triste!)
Que a par de seus irmãos morreu de traça,
Forjaste de uma freira equórea ninfa,
Jacinta de um Tritão fingiste acesa:
Chamaste grande, harmônico a Lereno,
Ao fusco trovador, que em papagaio
Converteste depois, havendo impado
Com tabernal chanfana, alarve almoço,
A expensas do coitado orangotango,
Que uma serpe engordou, cevando Elmiro,

Os teus vícios em rosto aos mais não lances,
Tu, Fúria, tu, dragão, que entornas peste,
Por sistema, por hábito, e por gênio.
Os sete, que detrais, em que te agravam?
Querias par a par subir com eles,
Nas asas do louvor a ignotos climas?
Que disseras, mordaz, quando a mimosa,
Quando a celeste Catalani exala
Milagres de ternura, e de harmonia,
Sim, que disseras, se, ultrajando a cena,
De rouquenha bandurra um biltre armado
Ante a assembleia extática impingisse
Solfa, mazomba, hispânico bolero?
Pois isto, ó Zoilo, tão impróprio fora
Como anexar teu nome aos sete, e a outros,
Que do silêncio meu não colhem manchas,
Nem carecem de mim, por si famosos,
E há muito em lira eterna ao pólo erguidos.

Verdade! Retidão! Vós sois meus numes!
Vê se as adoro, ó Zoilo: eu amo Alcino,
Filinto, Córidon, Elpino eu louvo;
Todo me apraz Dorindo, Alfeno em parte;
Nas trevas para mim reluz Tomino;
Nos gênios transcendentes me arrebato,
Prezo alunos febeus, desprezo Elmiros.
De alta justiça que mais prova exiges?
Tu, que de iníquo e parcial me increpas,
Tu, que em vez de razões opróbrios vibras
Perante um mundo, que te sabe a história!
Tu, que afeito à moral dos Tupinambas,
Tens ampla consciência, onde Amizade,
Onde Amor, e outros vínculos sagrados
São nomes vãos, fantásticos direitos;
Tu... mas língua de bronze, e voz de ferro
Mal de teus vícios a expressão dariam.
Indômito molosso, ardido ex-frade,

É contigo a razão qual é coas ondas
Arte, e saber de náufrago piloto:
Serás qual és, e morrerás qual vives.

Prossegue em detrair-me, em praguejar-me,
Porque Délio dos "prólogos" te exclui;
Pregoa, espalha em sátiras, em lojes
Que Zoilos não mereço, e sê meu Zoilo;
Chama-me de Tisífone enteado,
Porque em fêmeo-belmírico falsete
Não pinto os zelos, não descrevo a morte:
Erra versos, e versos sentenceia;
Condena-me a cantar de Ulina, e de anos;
Agrega o magro Elmano ao fulo Esbarra;
Ignora o "baquear" que é verbo antigo,
Dos Sousas, dos Arrais somente usado;
Metonímias sinédoques dispensa;
Dá-me as pueris antíteses, que odeio;
De estafador de anáforas me encoima;
Faz (entre insânias) um prodígio, faz
Qual anda o caranguejo andar meus versos;
Supõe-me entre barris, entre marujos;
(Dalguns talvez teu sangue as veias honre!)
Mas não desmaies na carreira; avante,
Eia, ardor, coração... vaidade, ao menos.
As oitavas ao "Gama" esconde embora,
Nisso não perdes tu, nem perde o mundo;
Mas venha o mais! Epístolas, sonetos,
Odes, canções, metamorfoses, tudo...
Na frente põe teu nome, e estou vingado.

Odes Anacreônticas

À Il.^{ma} e Exma Sr.ª D. Mariana Joaquina Pereira Coutinho

(Traduzida de Argenson)

Piedosa, excelsa heroína,
Tu, que em transcendente altura,
Com alma quase divina
De uns evitaste a ruína,
De outros criaste a ventura:

Tu, que em formosa união
Com refulgente nobreza
(Acidental condição)
Ligas mais alta grandeza,
Grandeza do coração:

Tu, que à mãe do luso Estado,
Chorada, augusta rainha,
Mereceste honroso agrado,
Colhe os ais, que te encaminha
Triste vítima do Fado.

Teus brandos, fáceis ouvidos,
Ouvidos há tanto afeitos,
Senhora, a atender gemidos
De roucos, ansiados peitos,
Pela Desgraça oprimidos:

Teu favor, tua piedade,
Com que viva ao Céu te elevas,
Abriguem minha ansiedade,
Versos nascidos nas trevas,
Entre a dor, e a adversidade;

Pesado grilhão me oprime,
Duro cárcere me fecha,
Tecem-me dum erro um crime,
E a vil calúnia não deixa
Que a compaixão se lastime.

Sombra, qual o Averno escura,
Ímpios zoilos derramaram
Em vida de crimes pura:
As cadeias me forjaram,
Forjaram-me a desventura.

Eis doloso, eis negro véu
Meu são caráter encerra;
Monstros me pregoam réu,
Tornam-me odioso à Terra,
Fingem-me rebelde ao Céu:

Desesperada agonia
Agrava mais minha sorte,
E a meus olhos, noite e dia
Gira o fantasma da morte
Coa turva melancolia.

Desparziu preces em vão
Angústia, que em mim se exalta;
Mas no centro da aflição
Conheço que inda me falta
Invocar teu coração.

Esse adorável tesouro,
Tesouro da Natureza,
Furtado ao século de ouro,
Pode expelir-me a tristeza,
E mal pior — o desdouro.

Não te imploro, alta matrona,
Como aquele, a quem o enxame
De vícios mil desabona,
E em si cai depois que infame
Sobre o delito ressona.

Eu, desvalido mortal,
Ludíbrio de sorte injusta,
Amei sempre, avesso ao mal,
As leis da virtude augusta,
As leis da reta moral.

Se casuais erros fiz
(Sócios da idade imprudente)
Meu desvario infeliz
No coração inocente
Não teve infesta raiz.

Da vaidade ativo ardor,
Que o peito inexperto inflama,
Das Musas suave amor,
Sede implacável de fama
Me sumiram neste horror.

Em versos não baixo, ou rude
A teu ânimo propício
Já sagrar louvores pude:
Se grato me fora o vício,
Eu não cantara a virtude.

Meu crime é ser desgraçado,
Ou talvez não ser indigno
De atrair da Fama o brado:
Um bando inerte, e maligno
De inveja me fere armado.

Risonhas, ternas Camenas
Sobre mim lançavam flores
Viçosas, brandas, amenas,
E com benignos favores
Afagavam minhas penas.

Dom divino, almo, e lustroso
(Que a raros o Céu dispensa)
Azedou tropel danoso:
O mérito é grave ofensa
Ao coração do invejoso.

Alma gentil, não presumes
Que exagera altivo abalo
Torpes, sórdidos ciúmes;
Se de mim com glória falo,
Honro a dádiva dos numes.

Mas à triste, à maviosa
Frase de consternação
Já volve a voz lamentosa;
Mais cobiço a compaixão,
Que um nome que mal se goza.

Não te interesse o valor
(Se algum tem) do vate aflito,
Comova-te o dissabor,
A desgraça, o pranto, o grito,
Que demandam teu favor.

Exerce eficaz valia
Que me serene a fortuna,
Irosa fortuna impia:
Para guarida oportuna
Meus ais, minhas ânsias guias.

Pelo mísero intercede,
Que a ti recorre em seus males,
Que pronto auxílio te pede:
O que podes, o que vales
Por minhas angústias mede.

Dá-me a luz, que respirei
No seio da humanidade;
Roga que se abrande a lei,
A que a doce liberdade
Submisso, e mudo curvei.

Que, inda que a rota lira
No chão desprezível jaz,
E a Musa, que já delira,
Sem harmonia, sem paz,
Em vez de cantar suspira:

No meu estro aniquilado
Revivendo a morta chama,
Te daria eterno brado,
Se há muito o grito da Fama
Não te houvera eternizado.

Vê se uma traça
Podes achar
Para meus danos
Remediar.

— Empenha afagos,
Roga humilhado... —

Afago, e rogo,
Tudo é baldado.

Lídia me abrasa
Em chama acesa;
E as duras pedras
Vence em dureza.

— Pulsa o laúde,
Cantos lhe ajusta
Laúde e cantos
Despreza a injusta.

— Pranto derrama,
Meigo te ostenta,
Que isto a Cupido
Também contenta.

Brando me ostento,
Ais d'alma acesa,
Rio de pranto,
Tudo despreza.

— Punhados de ouro
Solta profuso... —
De dons tão grandes
Só reis têm uso.

— Dome a distância
Tão grande amor... —
Não pode o tempo,
Que ele é maior.

— Se nada pode
Findar-te a lida,
Apronta um laço,
Põe nele a vida:

Por que te vejo
Triste hesitar?
Só assim pode
Teu mal findar.

Quadras

Trabalhos da vida humana

Je suis forcé de m'abaisser
Pour me faire entendre.
VOLTAIRE

Se em verso cantava dantes
O poder da formosura,
Hoje vou chorar em verso
Inconstâncias da ventura.

Vou pintar os dissabores,
Que sofre meu coração,
Desde que lei rigorosa
Me pôs em dura prisão.

A dez de Agosto, esse dia,
Dia fatal para mim,
Teve princípio o meu pranto,
O meu sossego deu fim.

Do funesto Limoeiro
Já toco os tristes degraus,
Por onde sobem, e descem
Igualmente os bons, e os maus.

Correm-se das rijas portas
Os ferrolhos estridentes,
Feroz condutor me enterra
No sepulcro dos viventes.

Para a casa dos assentos
Caminho com pés forçados;
Ali meu nome se ajunta
A mil nomes desgraçados.

Para o volume odioso
Lançando os olhos a medo,
Vejo pôr — Manuel Maria, —
E logo à margem — *Segredo*.

Eis que sou examinado
Da cabeça até aos pés,
E vinte dedos me apalpam,
Quando de mais eram dez.

Tiram-me chapéu, gravata,
Fivelas, e desta sorte,
Por um guarda sou levado
Ao domicílio da morte.

Estufa de treze palmos
Cuma fresta, que dizia
Para o lugar ascoroso,
Denominado enxovia.

Fecham-me, fico assombrado
Na medonha solidão,
E, sem cama a que me encoste,
Descanso os membros no chão.

Mil terríveis pensamentos
Da minh'alma se apoderam,

Gostos, e bens deste mundo
Então conheci o que eram.

Nos olhos o pranto ferve,
No coração cresce a dor,
E com males da fortuna
Se mistura o mal de amor.

Quando mais me lamentava,
Se abre de improviso a porta,
E ouço um ânimo benigno,
Que me alenta, e me conforta.

Era Inácio, afável peito,
Alma cheia de piedade,
Credor dos meus elogios,
Por herói da humanidade.

Do amável carcereiro
Me patenteia o desgosto,
Diz que piedoso me envia
Pobre, mas útil encosto.

Junta a este benefício
A necessária comida,
Com que sustentasse o fio
Desta lastimosa vida.

Garnier terno, sensível,
Tu foste um núncio divino,
Que veio tornar mais doce
O meu penoso destino.

Os amigos inconstantes
Me tinham desamparado,
E nas garras da indigência
Eu gemia atribulado;

Quando Aônio, o caro Aônio,
Da Natureza tesouro
À triste penúria manda
Eficaz auxílio de ouro.

Enquanto existir Elmano,
Sempre, ó gênio singular,
Na sua alma, e nos seus versos
Terá honroso lugar.

Passados vinte e dois dias,
Sofrendo mil mágoas juntas,
Enfim por um dos meus guardas
Fui conduzido a perguntas.

O ministro destinado
Era o respeitável Brito,
Que logo viu no meu rosto
Mais um erro, que um delito.

Olhou-me com meigo aspecto,
Com branda, amigável fronte,
E fui logo acareado
Com o meu amável Ponte.

Portei-me como quem tinha
Para a verdade tendência;
Do peso da opinião
Aligeirei a inocência.

Puni pelo caro amigo,
Ferido de interna dor:
Singular sou na amizade,
Como singular no amor.

Posto fim ao ato sério,
O meu guia me conduz

Para segredo mais largo,
De que não tem medo a luz.

Fiquei mais desafogado,
Mas também fiquei mais só,
E de amargura sentia
Soltar-se da vida o nó.

Lembrava-me a curta fresta,
Por onde a presa matula
Ouvia de quando em quando
Conto vil em frase chula.

Lembrava-me a gritaria,
Que faz a corja, a quem passa,
Loucamente misturando
O prazer com a desgraça.

Lembrava-me este catando
Piolho, que de alvo brilha,
Aquele a chuchar gostoso
Cigarro, que ou compra, ou pilha

Um por baldas, que lhe sabe,
Ao outro dando matraca;
Estes cantando folias,
Aqueles jogando a faca.

Coisas tais, que noutro tempo
Me fariam ansiedade,
Eram então para mim
Estímulos de saudade.

Servindo-me de tormento
A minha imaginação,
Em claro passava as noites,
Passava os dias em vão.

O meu extremoso Inácio
Benigno me visitava,
E com suaves conselhos
A minha pena adoçava.

Qual foi comigo ao princípio,
Comigo a ser continua:
Os desgraçados encontram
Poucas almas, como a sua.

Céu, que todas as venturas,
Todos os bens tens contigo,
Faze que ser grato eu possa
Ao meu benéfico amigo.

Ou tantas felicidades
Te digna, Céu, de lhe dar,
Quantas as razões, que eu tenho
De todas lhe desejar.

Enfim, depois de sofrer
Tardas horas de tormento,
Fui costumando a minh'alma
Ao solitário aposento.

O Deus criador do mundo,
Pai, amigo universal,
Com saudável, brando sono
Foi-me interrompendo o mal.

Deste centro da tristeza,
Morada das aflições,
Fiz ao lugar das perguntas
Inda mais três digressões.

Amo, professo a verdade:
Nas três digressões que fiz,

Sempre achei o amável Brito
Mais benfeitor, que juiz.

Tal tem sido a minha sorte
Nesta dolorosa estância,
Aonde a filosofia
Às vezes despe a constância.

Há já quarenta e três dias
Que choro neste degredo:
Hei-de ser muito calado,
Costumaram-me ao *segredo*.

Apólogos

A macaca

Nos serros do Brasil diz certo autor que havia
Uma namoradeira, uma sagaz bugia.
Milhões de chichisbéus pela taful guinchavam,
E por não terem asa o rabo lhe arrastavam.
Qual, caindo-lhe aos pés, de amores cego e louco
Nas cabeludas mãos lhe apresentava um coco;
Qual do açúcar brilhante a sumarenta cana,
E qual um ananás, e qual uma banana.
Ela com riso astuto, ela com mil caretas
Lhe entretinha a paixão, lhe ia dourando as petas;
Os olhos requebrava ao som de um suspirinho:
A todos prometia o mais fiel carinho,
E se algum lhe rogava especial favor
À terna petição dizia: "Sim, senhor."
Mas com muita esperança o fruto era nenhum,
E os pobres animais ficavam em jejum.
Leitores, há mulher tão destra, e tão velhaca,
Que nisto lhe não ganha inda a melhor macaca.

Os dois gatos

Dois bichanos se encontraram
Sobre uma trapeira um dia:
(Creio que não foi no tempo
Da amorosa gritaria).

De um deles todo o conchego
Era dormir no borralho;
O outro em leito de senhora
Tinha mimoso agasalho.

Ao primeiro o dono humilde
Espinhas apenas dava;
Com esquisitos manjares
O segundo se engordava.

Miou, e lambeu-o aquele
Por o ver da sua casta;
Eis que o brutinho orgulhoso
De si com desdém o afasta.

Aguda unha vibrando
Lhe diz: "Gato vil e pobre,

Tens semelhante ousadia
Comigo, opulento, e nobre?

Cuidas que sou como tu?
Asneirão, quanto te enganas!
Entendes que me sustento
De espinhas, ou barbatanas?

Logro tudo o que desejo,
Dão-me de comer na mão;
Tu lazeras, e dormimos
Eu na cama, e tu no chão.

Poderás dizer-me a isto
Que nunca te conheci;
Mas para ver que não minto
Basta-me olhar para ti."

"Ui! (responde-lhe o gatorro,
Mostrando um ar de estranheza)
És mais que eu? Que distinção
Pôs em nós a Natureza?

Tens mais valor? Eis aqui
A ocasião de o provar."
"Nada (acode o cavalheiro)
Eu não costumo brigar."

"Então (torna-lhe enfadado
O nosso vilão ruim)
Se tu não és mais valente,
Em que és sup'rior a mim?

Tu não mias?" "Mio." "E sentes
Gosto em pilhar algum rato?"
"Sim." "E o comes?" "Oh! Se o como!..."
"Logo não passas de um gato.

Abate, pois, esse orgulho,
Intratável criatura:
Não tens mais nobreza que eu;
O que tens é mais ventura."

Adivinhações

Bem que pareço a verdade
Torno a verdade ilusão:
Quereria o mesmo Apeles
Ter a minha perfeição.

*

De meu nome no começo
Inculco ser principal;
No resto em sombra esmoreço,
E com meu nome total
Ainda a sombra apeteço.

*

Que é de mim tudo coberto
Em parte de mim se estende;
Noutra parte a vida experto,
E se inteiro alguém me ofende,
Morre meu dono decerto.

*

Haver em mim luzimento
Depende de qualquer mão;
Engulo, e não me alimento,
Porque estranhos, que sustento,
Comem tudo o que me dão.

*

Sendo insensível, de um bruto
Uso andar acompanhada;
E sendo sensível, fui,
Ou sou cum homem ligada.

*

Quem me observa, e quem me escuta
Diversas coisas me crê:
Sou imperfeita a quem me ouve,
Sou perfeita a quem me vê.

*

Amam-se tanto nas sombras
Quanto na luz se enfastiam;
Em mim acabam-se muitos,
Muitos em mim principiam.

Traduções

Dáfnis
(Tradução da Écloga V de Virgílio)

Interlocutores: MENALCA, MOPSO

MENALCA

Já que neste lugar nos encontramos
Eu versado no canto, e tu na flauta,
Mopso, por que razão nos não sentamos
Entre estas aveleiras, cujas folhas
Quase com as dos álamos se enredam?

MOPSO

Tu és mais velho que eu, e a ti, Menalca,
Me cumpre obedecer. Ou descansemos
À sombra destas árvores, que tremem
Coas frouxas virações, ou antes vamos
Para a gruta, que ali se nos of'rece.
Olha como verdejam dentro nela
De uvas agrestes pequeninos cachos!

MENALCA

Nos nossos montes disputar-te a glória
Pretende Amintas só.

MOPSO

Não se presume
Capaz de até vencer no canto a Febo?

MENALCA

Eia, Mopso, começa. Ou saibas versos
Aos amores de Fílis, alva, e loura,
Ou em louvor de Alcão, ou à contenda
De Codro, do bom rei, começa. Entanto
Títiro cuidará dos nossos gados,
Que na vária planície andam pascendo.

MOPSO

Antes exp'rimentar uns versos quero,
Uns versos, que são meus, que inda outro dia
Duma faia entalhei no verde tronco:
Ora os ia escrevendo, ora entoando.
Ouve, e dize depois ao fofo Amintas
Que ouse, que venha disputar-me o prêmio.

MENALCA

Quanto o mole salgueiro às oliveiras,
Quanto o rasteiro arbusto d'alfazema

Cede à beleza do rosal corado,
Tanto, a meu parecer, te cede Amintas.

MOPSO

Basta, mancebo. Já na gruta estamos.
"Desgrenhadas as ninfas pranteavam
De morte lastimosa extinto Dáfnis:
Vós fostes de seus ais, de seus lamentos
Testemunhas, ó árvores, ó rios,
Quando a pálida mãe tendo nos braços
O mísero cadáver de seu filho,
Cruéis aos Céus chamou, cruéis aos fados.
Naqueles dias ninguém houve, ó Dáfnis,
Ninguém, que fartos bois levasse ao rio,
E quadrúpede algum naqueles dias
Não gostou água, nem buliu na relva.
Té n'África os leões te deploraram,
Dizem-no os montes, dizem-no as flores.
Dáfnis instituiu, mandou que o jugo
Ao carro submetesse armênios tigres;
Em honra de Baco introduziu coreias,
E a revestir de pâmpanos os tirsos
Ensinou aos pastores. Como as vides
Trepando são das árvores adornos,
E adornos são da vide os prenhes cachos;
Como servem de pompa, e de ufania
Às manadas o touro, ao campo as messes,
Dáfnis, eras dos teus o amor, a glória:
Depois que os fados negros te levaram,
Pales e Apolo dentre nós fugiram.
Estas nossas campinas, que abundavam
De barbadas espigas proveitosas,
Só brotam joio infesto, inúteis ervas.
Surge o cardo mordaz, a sarça aguda

Onde a mole violeta roxeava,
E o purpúreo narciso. Ó vós, pastores,
Mil folhas pela terra ide esparzindo,
As frontes assombrai coa rama agreste,
Dáfnis quer que a memória assim lhe honrem.
Um túmulo erigi, gravai-lhe em cima
Estes saudosos versos: *Eu fui Dáfnis,*
Das selvas conhecido até os astros,
Dum belo gado guardador mais belo."

MENALCA

É divino poeta, é o teu canto
Suave para mim, como é suave
O dormir sobre a relva aos fatigados,
Ou qual ao encalmado, ao sequioso
Matar a sede em límpido regato,
Que vai por entre seixos murmurando:
A teu mestre és igual, não só na flauta
Mas no verso, e na voz. Feliz mancebo!
Tu lhe hás-de suceder no dom, na fama.
Nós contudo, pastor, como pudermos
Algum verdo também soar faremos:
Nele às estrelas ergueremos Dáfnis,
O teu Dáfnis aos Céus irá com ele,
Que Dáfnis se dignou também de amar-nos.

MOPSO

Que prazer me darás maior que ouvir-te!
Dáfnis é digno assunto desses versos,
E ouvi a Estímicon louvá-los muito.

MENALCA

"Do Olimpo as áureas portas estranhando
Pasma em almo prazer o ingênuo Dáfnis:
Vê debaixo dos pés nuvens, e estrelas.
Eis a doce alegria ocupa os bosques,
Os vales, as montanhas, os pastores,
O arcádio Pã, as dríades donzelas.
Nem o lobo ao rebanho insídias tece,
Nem a rede traidora engana os cervos.
Dáfnis ama o sossego. Intonsos montes,
Mil vozes de prazer soltais vós mesmos!
Proferem brando verso até rochedos,
E o trêmulo arvoredo está soando:
Ó Menalca! Ele é deus!... É deus!... Ó Dáfnis,
Sê benéfico aos teus! Eis quatro altares
Ei-los, dois para ti, dois para Febo.
Aqui te sagrarei todos os anos
Dois vasos, em que espume o leite novo,
Com outros dois também, nos quais loureje
Da plácida oliveira o grato sumo.
Baco, fervendo em pródigos banquetes,
Com fogoso prazer há-de espertar-nos,
E à sombra no Verão, no Inverno ao lume
As taças encherei de Arvísio néctar.
A Darnetas, e Égon direi que entoem
Ledas canções, e os sátiros saltantes
Ao leve Alfesibeu direi que imite.
Sempre serás por nós destarte honrado,
Ou quando, amável Dáfnis, consagremos
Votos solenes às formosas ninfas,
Ou quando à roda dos ervosos campos
Coas vítimas andemos, como é uso.
Enquanto o javali na serra, enquanto
O peixe nadador folgar no rio,
Enquanto de tomilho a loura abelha,
E de orvalho as cigarras se abastarem,

Hão-de permanecer por estes montes
Teu nome, o teu louvor, tua saudade.
Como a Ceres e Baco os lavradores
Todos os anos te farão mil votos,
E obriga-os tu, se acaso os não cumprirem."

MOPSO

Que prêmio te darei, que valha os versos,
Os versos imortais, que me encantaram?
Tanto austral viração me não recreia,
Nem dum mar brando areias açoitadas,
Nem o sussurro dum arroio ameno,
Que serpeia entre vales pedregosos.

MENALCA

Eu te hei-de preceder nos donativos.
Aqui tens esta flauta. É ela, ó Mopso,
Quem fez com que eu cantasse aqueles versos;
"O pastor Córidon, louco de amores,
Pelo formoso Aléxis suspirava" —
E os outros: "Esse gado a quem pertence?
Talvez a Melibeu?"

MOPSO

Pois tu recebe
Este cajado; tem de bronze o conto,
E iguais os nós. Antígenes mil vezes
Mo pediu (e era então credor de amar-se)
Mas, por mais que lidou, não pôde obtê-lo.

A fome assolando Paris
(Traduzido do canto X da *Henríada*)

Vagueava em Paris feroz caterva
De estrangeiros cruéis, de horrendos tigres,
Tigres pela Discórdia apascentados,
Mais terríveis que a fome, a guerra, a morte.
Uns das campinas bélgicas vieram,
Outros lá das helvéticas montanhas,
Bárbaros corações, à guerra usados,
Que vivem de matar, que fazem pronto
Sacrifício venal do próprio sangue.

Destes novos tiranos a coorte
Em sôfrego tropel derriba as portas
Dos tristes cidadãos, e lhes presenta
Mil mortes, mil tormentos, mil horrores;
Não já para os privar de vãos tesouros,
Não já para arrancar aos ternos braços
De espavorida mãe filha chorosa:
Faminta precisão consumidora
As demais sensações lhe impede, e abafa.
Pesquisar, descobrir qualquer sustento,
Por escasso, por mau, por vil que seja,
É a sua intenção, seu fim, seu gosto:

Atentado não há, não há martírio
Que para o conseguir não excogitem.

Indigente mulher... (ó céus! E eu devo
Urdir a narração da feia história,
Do horrível caso escurecer meus versos!)
Indigente mulher perdido havia
Por violências dos monstros esfaimados
Único, parco, e mísero alimento.
Invadindo seus bens a negra Sorte,
Apenas lhe deixara um tenro filho,
Próximo a perecer do mal, que a mata.
Raivosa, desgrenhada, um ferro empunha,
Corre, bramindo, ao cândido inocente,
Que estende as débeis mãos para afagá-la.
Do triste a infância, a graça, a voz, o estado
A frenética mãe de dor traspassam.

Põe nele os espantados, turvos olhos,
Tintos de amor, de raiva, e de piedade.
O cutelo da mão lhe cai três vezes,
Mas a raiva triunfa, e, detestando
O fecundo himeneu, com voz tremente:
"Ó desta alma infeliz porção mimosa!
Caro filho! (ela exclama) em vão teus dias
Produzi, conservei com tanto afago.
Em breve ou da penúria, ou dos tiranos
Foras talvez a vítima, o despojo
Se a mãe piedosa te poupasse a vida...
A vida! E para quê? Para vagares
Do deserto Paris entre as ruínas,
Desfazendo-te em ais, em dor, e em pranto?
Morre, antes que o meu mal, e o teu conheças,
Restitui-me, ó filho, o sangue, a vida,
Que te deu tua mãe; vem sepultar-te
Nas entranhas cruéis, que te geraram,
E veja-se em Paris um crime novo."

Isto dizendo, atônita, e convulsa
No peito do filhinho embebe o ferro,
Leva o corpo sanguento ao lar fumante,
E, sôfregas as mãos coa fome horrenda,
A funesta iguaria ali preparam.
À força de voraz impaciência
Volvem, raivando, os bárbaros soldados
Ao teatro do crime atroz, e infando,
Semelhantes na hórrida alegria
Aos ursos, e aos leões que a preia aferram!
Apostados correndo, a porta arrombam;
Entram... Céus! Que terror! Que assombro! À vista
Carrancuda mulher eis se lhe of'rece,
Mole corpo infantil despedaçando,
Abrasada em furor, e em sangue envolta:
"Sim, feras, sim, cruéis, meu filho é este!

Vós no seu sangue as mãos me enxovalhastes,
Sejam vosso alimento a mãe, e o filho.
Vinde, as sagradas leis da Natureza
Ultrajar mais do que eu temeis acaso?
Que susto vos detém, vos desalenta?
Ó tigres! Este pasto a vós pertence."

Frenética, e sem tino, assim falando,
Aguçado punhal no seio enterra.
Súbito, da tragédia horrorizados,
Confusos, e ululando, os monstros correm;
Não ousam para trás volver os olhos,
Cuidam que os ameaça, os segue o raio;
E o povo, por findar tão triste sorte,
Alçando as mãos aos Céus, implora a morte.

Metamorfoses
(Fastos)

POEMA DE P. OVÍDIO NASÃO

(Trechos escolhidos, postos em verso português)

TRADUÇÃO DO LIVRO I

Desde o princípio até à nova formação de todos os animais depois do dilúvio

Entre ferros cantei, desfeito em pranto;
Valha a desculpa, se não vale o canto.
(O tradutor)

ARGUMENTO

O Caos reparte-se em quatro elementos. Zonas, ventos, criação dos brutos, e do homem. Seguem-se as quatro idades do mundo. Nascem homens do sangue dos gigantes. Licáon é transformado em lobo. O dilúvio converte tudo em água. As pedras mudam-se em gente. Os brutos renascem da terra.

Antes do mar, da Terra, e céu que os cobre
Não tinha mais que um rosto a Natureza:
Este era o Caos, massa indigesta, rude,
E consistente só num peso inerte.
Das coisas não bem juntas as discordes,
Priscas sementes em montão jaziam;
O Sol não dava claridade ao mundo,
Nem crescendo outra vez se reparavam
As pontas de marfim da nova Lua.
Não pendias, ó Terra, dentre os ares,
Na gravidade tua equilibrada,
Nem pelas grandes margens Anfitrite
Os espumosos braços dilatava.
Ar, e pélago, e Terra estavam mistos:
As águas eram pois inavegáveis,
Os ares negros, movediça a Terra.
Forma nenhuma em nenhum corpo havia,
E neles uma coisa a outra obstava,
Que em cada qual dos embriões enormes
Pugnavam frio, e quente, úmido, e seco,
Mole, e duro, o que é leve, e o que é pesado.

Um Deus, outra mais alta Natureza
À contínua discórdia enfim põe termo:
A Terra extrai dos Céus, o mar da Terra,
E ao ar fluído, e raro abstrai o espesso.
Depois que a mão divina arranca tudo
Do enredado montão, e o desenvolve,
Em lugares diversos, que lhe assina,
Liga com mútua paz os corpos todos.
Súbito ao cume do convexo espaço
O fogo se remonta ardente, e leve;
A ele no lugar, na ligeireza
Próximo fica o ar; mais densa que ambos
A Terra puxa os elementos vastos.
Da própria gravidade é comprimida.
O salitroso humor circulante
A possui, a rodeia, a lambe, e aperta.

Assim depois que o Deus (qualquer que fosse)
O grão corpo dispôs, quis dividi-lo,
E membros lhe ordenou. Para que a Terra
Não fosse desigual em parte alguma,
Por todas a compôs na forma de orbe.
Ao mar então mandou que se esparzisse,
Que ao sopro inchasse dos forçosos ventos,
E orgulhoso abrangesse as louras praias;
À mole orbicular deu fontes, lagos,
Rios cingindo com oblíquas margens,
Os quais, em parte absortos pelas terras
Várias, que vão regando, ao mar em parte
Chegam, e recebidos lá no espaço
De águas mais livres, e extensão mais ampla,
Em vez das margens assalteiam praias.

O universal Fator também dissera:
"Descei, ó vales, estendei-vos, campos,
Surgi, montanhas, enramai-vos, selvas!"
Como o Céu repartido à destra parte
Tem duas zonas, à sinistra duas,
E uma no centro mais fogosa que elas,
Assim do Deus o próvido cuidado
Pôs iguais divisões no térreo globo;
Ele é composto de outras tantas plagas;
Aquela que das mais está no meio
Em calores inóspitos se abrasa;
Alta neve enregela, e cobre duas;
Outras duas, porém, que entre elas ambas
O Númen situou, são moderadas,
Misto o frio, e calor. Fica iminente
A estas o ar, que assim como é mais leve
O peso d'água que da terra o peso,
Tanto mais peso coube ao ar que ao fogo.
Deus ordenou que as névoas, e que as nuvens
Errassem no inconstante, aéreo seio;
Que os ventos o habitassem, produtores

Dos penetrantes frios, que estremecem,
E os raios, os trovões, que o mundo aterram;
Mas o supremo Autor não deu nos ares
Arbitrário poder aos duros ventos:
Bem que rebentem de encontrados climas,
Resistir-se-lhe pode à fúria apenas,
Vedar que em turbilhões lacere o mundo:
Tanta é entre os irmãos a desavença!

Euro foi sibilar ao céu da aurora,
Aos reinos Nabateus, à Pérsia, aos cumes
Que o raio da manhã primeiro alcança.
O Véspero, essas plagas, que se amornam
Com Febo ocidental, estão vizinhas
Ao Zéfiro amoroso; o fero Bóreas
Da Cítia fera, e dos Triões se apossa;
As regiões opostas umedece
Austro chuvoso com assíduas nuvens.
O Númen sobrepôs aos elementos
O líquido, e sem peso éter brilhante,
Que das terrenas fezes nada envolve.

Logo que tudo com limites certos
Foi pela eterna destra sinalado,
As estrelas, que opressas, que abafadas
Houve em si longamente a massa escura,
A arder por todo o céu principiaram;
E porque não ficasse do universo
Alguma região desabitada,
Astros, e deuses têm o etéreo assento,
O mar aos peixes nítidos é dado,
Aves ao ar, quadrúpedes à Terra.

A estes animais faltava um ente
Dotado de mais alta inteligência,
Ente, que a todos legislar pudesse:
Eis o homem nasce, e — ou tu, suprema Origem

De melhor Natureza, e quanto há nela,
Ou tu, pasmoso Artífice, o formaste
Pura extração de divinal semente,
ou a Terra ainda nova, inda de fresco
Separada dos céus, lhe tinha o germe.
Com águas fluviais embrandecida,
Dela o filho de Jápeto afeiçoa,
Organiza porções, e as assemelha
Aos entes imortais, que regem tudo.
As outras criaturas debruçadas
Olhando a Terra estão; porém ao homem
O Fator conferiu sublime rosto,
Erguido, para o céu lhe deu que olhasse.

A Terra, pois, tão rude, e informe dantes,
Presentou finalmente assim mudada,
As humanas, incógnitas figuras.

Foi a primeira idade a idade de ouro:
Sem nenhum vingador, sem lei nenhuma
Culto à fé, e à justiça então se dava,
Ignoravam-se então castigo, e medo;
Ameaços terríveis se não liam
No bronze abertos; súplice caterva
À face do juiz não palpitava:
Todos viviam sem juiz, sem dano.
Inda nos pátrios montes decepado
Às ondas não baixava o pinho ingente
Para depois ir ver um mundo estranho:
De mais clima que o seu ninguém sabia.
Fossos ainda não cingiam muros,
As tubas, os clarins não ressoavam,
Nem armas, nem exércitos havia:
Sem eles os mortais de paz segura
Em ócios inocentes se gozavam.
O ferro sulcador não a rompia,
E dava tudo a voluntária terra.

Contente do que brota sem cultura
Colhia a gente o montanhês morango,
Crespos medronhos, e as cerejas bravas,
Às duras silvas as amoras presas,
E as lisas produções de tênue casca,
Que da árvore de Júpiter caíam.
Eram todas as quadras primavera.
Mansos Favônios com sutil bafejo,
Com tépidos suspiros animavam
As flores, que sem germe então nasciam.
Viam-se enlourecer, vingar as messes
Nos campos nem roçados de adubio,
Em rios ir correndo o leite, o néctar;
E da verde azinheira estar caindo
O flavo mel em pegajosas gotas.

Depois que foi Saturno exterminado
Ao Tártaro, e ficou a Jove o mundo,
Veio outra idade, se inf'rior à de ouro,
Sup'rior à de cobre, a idade argêntea.
Jove contrai a primavera antiga,
Verões, invernos, desiguais outonos,
Curta, e branda estação, que anime as flores.
O ano repartem, variando os tempos.
O ar então começou a escandecer-se,
E ao som dos ventos a enrijar-se a neve;
Os humanos então principiaram
A demandar guaridas, a ter lares.

Poesias marginais

Ribeirada
(Poema em um só canto)

Argumento

Quando o preto Ribeiro entregue ao sono
Jazia, lhe aparece o deus Priapo.
E com uma das mãos por ser fanchono,
Lhe agarra na cabeça do marsapo:
Oferece-lhe depois um belo cono,
Cono sem cavalete, gordo e guapo,
Casa o preto, e a mulher, por fim de contas,
Lhe põe na testa retorcidos pontas.

CANTO ÚNICO

I
Ações famosas do fodaz Ribeiro,
Preto na cara, enorme no mangalho,
Eu pretendo cantar em tom grosseira,
Se a musa me ajudar neste trabalho:
Pasme absorto escutando o mundo inteiro
A porca descrição do horrendo malho,

Que entre as pernas alberga o negro bruto
No lascivo apetite dissoluto.

II
Ó Musa galicada e fedorenta!
Tu, que às fadas de Apolo está sujeita.
Anima a minha voz, pois hoje intenta
Cantar esse mangaz, que a tudo arreita:
Desse vaso carnal que o membro agüenta,
Onde tanta langonha se aproveita,
Um chorrilho me dá, ó musa obscena,
Que eu com rijo tesão pego na pena.

III
Em Troia, de Setúbal bairro inculto,
Mora o preto castiço, de quem falo;
Cujo nervo é de sorte, e tem tal vulto,
Que excede o longo espeto de um cavalo:
Sem querer nos calções estar oculto,
Quando se entesa o túmido badalo,
Ora arranca os botões com fúria rija,
Ora arromba as paredes quando mija.

IV
Adorna hirsuto ríspido pentelho
Os ardentes colhões do bom Ribeiro,
Que são duas maçãs de escaravelho,
Não digo na grandeza, mas no cheiro:
Ali piolhos ladros tão vermelho
Fazem com dente agudo o pau leiteiro,
Que o cata muita vez; mas ao tocar-lhe
Logo o membro nas mãos entra a pular-lhe.

V
Os maiores marsapos do universo
À vista deste para trás ficaram:
E do novo Martinho em prosa e verso

Mil poetas a porra descantaram:
Quando ainda o cachorro era de berço
Umas moças por graça lhe pegaram
Na pica já taluda, e de repente
Pelas mãos lhes correu a grossa enchente.

VI
De Polifemo o nervo dilatado,
Que intentou escachar a Galateia,
Pelo mundo não deu tão grande brado
Como a porra do preto negra e feia:
Da Cotovia o bando galicado
Com respeito mil vezes o nomeia,
E ao soberbo estardalho do selvagem
As putas todas rendem vassalagem.

VII
O longo e denso véu da noite escura
Das estrelas bordado já se via;
E em rota cama a horrenda criatura
Os tenebrosos membros estendia:
Do caralho a grandíssima estatura
Cos lençóis encobrir-se não podia,
E a cabeça fodaz de fora pondo
Fazia sobre o chão medonho estrondo.

VIII
Os ladros, que fiéis o acompanhavam
A triste colhoada a cada instante
Com agudos ferrões lhe trespassavam,
Atormentando a besta fornicante:
Na duríssima pele se entranhavam,
Suposto que com garra penetrante
O negro dos colhões a muitos saca,
E o castigo lhes dá na fera unhaca.

IX
Tendo o cano patente no sentido
Na barriga o tesão lhe dava murros;
E de ativa luxúria enfurecido
Espalhava o cachorro aflitos urros:
Com a lembrança do vaso apetecido
O nariz encrespava como os burros;
Até que em vão berrando pelo cano,
De todo se entregou nas mãos do sono.

X
Já roncando os vizinhos acordava
O lascivo animal, que representa
Com o motim pavoroso que formava,
Trovão fero no ar, no mar tormenta;
Com alternados coices espancava
Da pobre cama a roupa fedorenta,
Que pulgas esfaimadas habitavam,
E de mil cagadelas matizavam.

XI
Eis de improviso em sonhos lhe aparece
Terrífica visão, que um braço estende,
E pela grossa carne que lhe cresce
Debaixo da barriga ao negro prende:
Acorda, põe-lhe os olhos, e estremece
Como quem ao terror se curva e rende:
Com o medo que tinha, a porra ingente
Se meteu nas encolhas de repente.

XII
Do tremendo fantasma a testa dura
Dois retorcidos cornos enfeitavam;
E, debaixo da pança, a mata escura
Três disformes caralhos ocupavam:
O sujo aspecto, a feia catadura,
Os rasgados olhões iluminavam;

E na terrível destra o torpe espectro
Empunhava uma porra em vez de cetro.

XIII
Ergue a voz, que as paredes abalava,
E com a força do alento sibilante
Mata a pálida luz, que a um canto estava,
Em plúmbeo castiçal agonizante:
"Ó tu, rei dos caralhos (exclamava)
Perde o medo, que mostras no semblante:
Que quem hoje te agarra no marsapo
É de Vênus o filho, o deus Priapo.

XIV
"Vendo a fome cruel do parrameiro,
Que essas negras entranhas te devora,
De putas um covil deixei ligeiro,
Por fartar-te de fodas sem demora:
Consolarás o rígido madeiro
Numa fêmea gentil, que perto mora,
Mas não lho metas todo, pois receio
Que a possas escachar de meio a meio."

XV
Disse: e o negro da cama velozmente
Para beijar-lhe os pés se levantava;
Mas tropeça num banco, e de repente
No fétido bispote as ventas crava:
Não ficando da queda mui contente
Com uma gota de mijo à pressa as lava;
E, acabada a limpeza, a voz grosseira
Ao númen dirigiu desta maneira:

XVI
"Socorro de famintos fodedores,
Propícia divindade, que me escutas!
Tu consolas, tu enches de favores

O mestre da fodenga, o pai das putas:
Viste que, do tesão curtindo as dores,
Travava com o lençol imensas lutas,
E baixaste ligeiro, como Noto,
A dar piedoso amparo ao teu devoto.

XVII
Enquanto houver tesões, e enquanto o cano
For de arreitadas picas lenitivo,
Sempre hei-de recordar-me, alto patrono,
De que és de meus gostos o motivo:
Pois me dás glória no elevado trono,
E já, como o veado fugitivo
Que o caçador persegue, eu corro, eu corro
A procurar as bordas por quem morro."

XVIII
Deteve aqui a voz o rijo acento,
Que dos trovões o estrépito parece,
E logo diante os olhos num momento
A noturna visão desaparece:
Deixa Ribeiro o sórdido aposento,
Que de antigos escarros se guarnece;
E nas tripas berrando-lhe o demônio
Corre logo a tratar do matrimônio.

XIX
O brando coração da fêmea alcança
Com finezas, carícias e desvelos;
A qual sobre a vil cara emprega, e lança
(Tentação do demônio!) os olhos belos:
O fodedor maldito não descansa
Sem ver chegar o dia, em que os marmelos
Que tem junto do cu deem cabeçadas
Entre as cândidas virilhas delicadas.

XX
Chega o dia infeliz (triste badejo!
Mísera crica! Desditoso rabo!)
E ornado o rosto de um purpúreo pejo
Une-se a mão de um anjo à do diabo;
Ardendo o bruto em férvido desejo
Unta de louro azeite o longo nabo,
Para que possa entrar com mais brandura
A vermelha cerviz faminta, e dura.

XXI
Principia o banquete, que constava
De dois gatos achados num monturo,
E de raspas de corno, de que usava
Em lugar de pimenta o preto impuro:
Em sujo frasco ali se divisava
Turva água-pé: fatias de pão duro
Pela mesa decrépita espalhadas
A fraca vida perdem às dentadas.

XXII
Depois de ter o esposo o bucho farto,
Abrasado de amor na ardente chama,
Foge com leves passos para o quarto,
Ao colo conduzindo a bela dama:
Pelas ceroulas o voraz lagarto
A genital enxúndia já derrama;
Só por ver da consorte o gesto lindo
Inda antes de foder já se está vindo!

XXIII
Jazia o velho tálamo num canto
Onde de pulgas esquadrão persiste,
Para teatro ser do aflito pranto
Que havia derramar a esposa triste:
Ó noite de terror, noite de espanto,
Que das fodas cruéis o estrago viste!

Permite que com métrica harmonia
Patente ponha tudo à luz do dia.

XXIV
Ergue-lhe a saia o renegado amante,
Estira-se a consorte, ágil e pronta;
E ele a seta carnal no mesmo instante
Ao parrameiro mísero lhe aponta:
Com um só beijo do membro palpitante
Ficou subitamente a moça tonta,
E julgou (tanto em fogo ardia o nabo!)
Que encerrava entre as pernas o diabo.

XXV
Prossegue o desalmado; mas a esposa
Que não pode aturar-lhe a dura estaca,
Dando voltas ao cu muito chorosa
Com jeito o membralhão das bordas saca:
Ele irado lhe diz, com voz queixosa:
"Não és uma mulher como uma vaca?
Porque fazes traições, quanto te empurro
O mastro? quando vês que gemo, e zurro?"

XXVI
Então, cheio de raiva, aperta o dente,
E na gostosa, feminil masmorra,
Alargando-lhe as pernas novamente,
Com estrondosos ais encaixa a porra:
Ela, que já no corpo o fogo sente
Do marsapo, lhe diz: "Queres que eu morra?
Tu não vês que me engasgo, e que estou rouca,
Porque o cruel tesão me chega à boca?

XXVII
Ah! Deixa-me tomar um breve alento,
Primeiro que rendida e morta caia..."
Mas ele, na foda é um jumento,

Não tem dó da mulher, que já desmaia:
Sentindo ser chegado o fim do intento,
Do ranhoso licor lhe inunda a saia;
Porque dentro do vaso não cabia
A torrente, que rápida corria.

XXVIII
De gosto o vil cachorro então se baba,
E vendo que a mulher calada fica,
"Consola-te (exclamou) que já se acaba
Esta fome voraz da minha pica."
E com muita risada então se gaba
De lhe ter esfolado a roxa crica;
Mas ela grita, ardendo-lhe o sabugo:
"Ora que casasse eu com um verdugo!

XXIX
Fora, fora cachorro, não te aturo
Que me feres as bordas do coninho!"
E com desembaraço um teso e duro
Bofetão lhe arrumou pelo focinho:
Tomou em tom de graça o monstro escuro
A afrontosa pancada, e com carinho
Disse para a mulher: "Brincas comigo?
Pois torno-te a foder, por teu castigo."

XXX
Estas vozes ouvindo a desgraçada
De repente no chão cair se deixa;
E, temendo a mortífera estocada,
Ora abre os tristes olhos, ora os fecha:
Com suspiros depois desatinada
Da contrária fortuna ali se queixa:
Até que ele lhe diz, com meigo modo:
"Levanta-te do chão, que não te fodo."

XXXI

Alma nova cobrou, qual lebre aflita,
Que das unhas dos cães se vê liberta;
E apalpando a conaça (oh, que desdita!)
Mais que boca de barra a encontra aberta;
Mas consola-se um pouco, e já medita
Em fugir da ruína, que é tão certa;
E em vingar-se do horrível Brutamonte,
Ornando-lhe de cornos toda a fronte.

XXXII

Tem conseguido a bárbara vingança
A traidora mulher, como queria;
E o negro com paciência branda e mansa,
Sofrendo os cornos vai de dia em dia:
Bem mostra no que faz não ser criança,
Que de nada o rigor lhe serviria;
Porque se uma mulher quiser perder-se,
Até feita em picado há-de foder-se.

XXXIII

Agora vós, fodões encarniçados,
Que julgais agradar às moças belas
Por terdes uns marsapos que estirados
Vão pregar com os focinhos nas canelas:
Conhecereis aqui desenganados
Que não são tais porrões do gosto delas;
Que lhes não pode, enfim, causar recreio
Aquele que passar de palmo e meio.

A Manteigui
(Poema em um só canto)

Argumento

Da grande Manteigui, puta rafada,
Se descreve a brutal incontinência;
Do cafre infame a porra desmarcada,
Do cornígero esposo a paciência:
Como à força de tanta caralhada
Perdendo o negro a rígida potência,
Foge da puta, que sem alma fica
Dando mil berros por amor da pica.

CANTO ÚNICO

I
Canto a beleza, canto a putaria
De um corpo tão gentil como profano;
Corpo que, a ser preciso, engoliria
Pelo vaso os martelos de Vulcano:
Corpo vil, que trabalha mais num dia
Do que Martinho trabalhou num ano;
E que atura as chumbadas e pelouros
De cafres, brancos, maratas, e mouros.

II
Vênus, a mais formosa entre as deidades,
Mais lasciva também que todas elas,
Tu, que vinhas de Troia às soledades
Dar a Anquises as mamas e as canelas.
Que gramaste do pai das divindades
Mais de seiscentas mil fornicadelas;
E matando uma vez da crica a sede,
Foste pilhada na vulcânea rede:

III
Dirige a minha voz, meu canto inspira,
Que vou cantar de ti, se a Jacques canto;
Tendo um corno na mão em vez de lira,
Para livrar-me do mortal quebranto:
Tua virtude em Manteigui respira,
Com graça, qual tu tens, motiva encanto;
E bem pode entre vós haver disputa
Sobre qual é mais bela, ou qual mais puta.

IV
No cambaico Damão, que escangalhado
lamenta a decadência portuguesa,
Este novo Ganós foi procriado,
Peste da Ásia em luxúria e gentileza:
Que ermitão de cilícios macerado
Pode ver-lhe o carão sem porra tesa?
Quem chapeleta não terá de mono,
Se tudo que ali vê é tudo cono?

V
Seus meigos olhos, que a foder ensinam,
Té nos dedos dos pés tesões acendem;
As mamas, onde as Graças se reclinam,
Por mais alvas que os véus os véus ofendem:
As doces partes, que os desejos minam,
Aos olhos poucas vezes se defendem;

E os Amores, de amor por ela ardendo,
As piças pelas mãos lhe vão metendo.

VI
Seus cristalinos, deleitosos braços,
Sempre abertos estão, não para amantes,
Mas para aqueles só que, nada escassos,
Cofres lhe atulham de metais brilhantes;
As níveas plantas, quando move os passos,
Vão pisando os tesões dos circunstantes;
E quando em ledo som de amores canta,
Faz-lhe a porra o compasso com a garganta.

VII
Mas para castigar-lhe a vil cobiça
O vingativo Amor, como agravado,
Fogo infernal no coração lhe atiça
Por um sórdido cafre asselvajado:
Tendo-lhe visto a tórrida linguiça
Mais extensa que os canos dum telhado,
Louca de comichões a indigna dama
Salta nele, convida-o para a cama.

VIII
Eis o bruto se coça de contente;
Vermelha febre sobe-lhe ao miolo;
Agarra na senhora, impaciente
De erguer-lhe as fraldas, e provar-lhe o bolo:
Estira-a sobre o leito, e de repente
Quer do pano sacar o atroz *mampolo:*
Porém não necessita arrear cabos;
Lá vai o langotim com mil diabos.

IX
Levanta a tromba o ríspido elefante,
A tromba, costumada a tais batalhas,
E apontando ao buraco palpitante,

Bate ali qual aríete nas muralhas:
Ela enganchando as pernas delirante,
"Meu negrinho (lhe diz) quão bem trabalhas!
Não há porra melhor em todo o mundo!
Mete mais, mete mais que não tem fundo.

X
Ah! Se eu soubera (continua o couro
Em torrentes de sêmen já nadando)
Se eu soubera que havia este tesouro
Há que tempos me estava regalando!
Nem fidalguia, nem poder, nem ouro
Meu duro coração faria brando;
Lavara o cu, lavara o passarinho,
Mas só para foder com o meu negrinho.

XI
Mete mais, mete mais... Ah, Dom Fulano!
Se o tivesses assim, de graça o tinhas!
Não viveras em um perpétuo engano,
Pois vir-me-ia também quando te vinhas:
Mete mais, meu negrinho, anda, magano;
Chupa-me a língua, mexe nas maminhas...
Morro de amor, desfaço-me em langonha...
Anda, não tenhas susto, nem vergonha...

XII
Há quem fuja da carne, há quem não morra
Por tão belo, e dulcíssimo trabalho?
Há quem tenha outra ideia, há quem discorra
Em coisa, que não seja de mangalho?
Tudo entre as mãos se me converta em porra,
Quanto vejo transforme-se em caralho:
Porra, e mais porra no verão, e no inverno,
Porra, até nas profundas do inferno!...

XIII
Mete mais, mete mais (ia dizendo
A marafona, ao bruto, que suava,
E convulso fazia estrondo horrendo
Pelo rústico som com que fungava);
Mete mais, mete mais que estou morrendo!...”
“Mim não tem mais!” O negro lhe tornava;
E triste exclama a bêbeda fodida:
“Não há gosto perfeito nesta vida!”

XIV
Neste comenos o cornaz marido,
O bode racional, veado humano,
Entrava pela câmara atrevido
Como se entrasse num lugar profano:
Mas vendo o preto em jogos de Cupido,
Eis sai logo, dizendo: “Arre, magano!
Na minha cama! Estou como uma brasa!
Mas, bagatela, tudo fica em casa.”

XV
A foda começada ao meio-dia
Teve limite pelas seis da tarde:
Veio saltando a ninfa de alegria,
E da sórdida ação fazendo alarde:
O bom consorte, que risonha a via,
Lhe diz: “Estás corada! O céu te guarde;
Bem boa alpista ao pássaro te coube!
Ora dize, menina, a que te soube?”

XVI
“Cale-se, tolo” (a puta descarada
Grita num tom raivoso, e lhe rezinga)
O rei dos cornos a cerviz pesada
Entre os ombros encolhe, e não respinga:
E o courão, da pergunta confiada,
Outra vez com o cafre, e mil se vinga,

Até que ele, faltando-lhe a semente,
Tira-lhe a mama, e foge de repente.

XVII
Deserta por temor de esfalfamento,
Deserta por temer que o couro o mate:
Ela então de suspiros enche o vento,
E faz alvorotar todo o Surrate:
Vão procurá-lo de cipais um cento,
Trouxeram-lhe a cavalo o tal saguate:
Ela o vai receber, e o grão Nababo
Pasmou disto, e quis ver este diabo.

XVIII
Pouco tempo aturou de novo em casa
O cão, querendo logo a pele forra,
Pois a puta, com a crica toda em brasa,
Nem queria comer, só queria porra:
Voou-lhe, qual falcão batendo a asa,
E o courão, sem achar quem a socorra,
Em lágrimas banhada, acesa em fúria,
Suspira de saudade, e de luxúria.

XIX
Courões das quatro partes do universo,
De galico voraz envenenados!
Se deste canto meu, deste acre verso
Ouvirdes porventura os duros brados:
Em bando marcial, coro perverso,
Vinde ver um cação dos mais pescados.
Vinde cingir-lhe os louros, e devotos
Beijar-lhe as aras, pendurar-lhe os votos.

Soneto III

Esse disforme e rígido porraz
Do semblante me faz perder a cor;
E assombrado de espanto, e de terror
Dar mais de cinco passos para trás:

A espada do membrudo Ferrabraz
Decerto não metia mais horror:
Esse membro é capaz até de pôr
A amotinada Europa toda em paz:

Creio que as fodais recreações
Não te hão-de a rija máquina sofrer
Os mais corridos, sórdidos cações:

De Vênus não desfrutas o prazer:
Que esse monstro, que alojas nos calções,
É porra de mostrar, não de foder.

Soneto IV

Num capote embrulhado, ao pé de Armia,
Que tinha perto a mãe o chá fazendo,
Na linda mão lhe fui (oh, céus) metendo
O meu caralho, que de amor fervia:

Entre o susto, entre o pejo a moça ardia;
E eu solapado os beiços remordendo,
Pela fisga da saia a mão crescendo
A chamada sacana lhe fazia:

Entra a vir-se a menina... Ah! Que vergonha!
"Que tens?", lhe diz a mãe sobressaltada:
Não pode ela encobrir na mão langonha:

Sufocada ficou, a mãe corada:
Finda a partida, e mais do que medonha
A noite começou de bofetada.

Soneto VI

Não lamentes, ó Nise, o teu estado;
Puta tem sido muita gente boa;
Putíssimas fidalgas tem Lisboa,
Milhões de vezes putas têm reinado:

Dido foi puta, e puta dum soldado;
Cleópatra por puta alcança a coroa;
Tu, Lucrécia, com toda a tua proa,
O teu cono não passa por honrado:

Essa da Rússia imperatriz famosa,
Que inda há pouco morreu (diz a Gazeta)
Entre mil porras expirou vaidosa:

Todas no mundo dão a sua greta:
Não fiques, pois, ó Nise, duvidosa
Que isto de virgo e honra é tudo peta.

Soneto VII

Tu, ó demente velho descarado,
Escândalo do sexo masculino,
Que por alta justiça do Destino
Tens o impotente membro decepado:

Tu, que em torpe furor incendiado
Sofres de ímpia paixão ardor maligno,
E a consorte gentil, de que é indigno,
Entregas a infrutífero castrado:

Tu, que tendo bebido o menstruo imundo,
Esse amor indiscreto te não gasta
Da ímpia mulher o orgulho furibundo:

Em castigo do vício, que te arrasta,
Saiba a ínclita Lísia, e todo o mundo
Que é vil por gênio, que é cabrão, e basta!

Soneto IX

Arreitada donzela em fofo leito
Deixando erguer a virginal camisa,
Sobre as roliças coxas se divisa
Entre sombras sutis pachocho estreito:

De louro pelo um círculo imperfeito
Os papudos beicinhos lhe matiza;
E a branda crica, nacarada e lisa,
Em pingos verte alvo licor desfeito:

A voraz porra as guelras encrespando
Arruma a focinheira, e entre gemidos
A moça treme, os olhos requebrando:

Como é ainda boçal perde os sentidos;
Porém vai com tal ânsia trabalhando,
Que os homens é que vêm a ser fodidos.

Soneto XIII

É pau, e rei dos paus, não marmeleiro,
Bem que duas gamboas lhe lobrigo;
Dá leite, sem ser árvore de figo,
Da glande o fruto tem, sem ser sobreiro:

Verga, e não quebra, como o zambujeiro;
Oco, qual sabugueiro, tem o umbigo;
Brando às vezes, qual vime, está consigo;
Outras vezes mais rijo que um pinheiro:

À roda da raiz produz carqueja:
Todo o resto do tronco é calvo e nu;
Nem cedro, nem pau-santo mais negreja!

Para *carvalho* ser falta-lhe um *v;*
Adivinhem agora que pau seja,
E quem adivinhar meta-o no cu.

Soneto XIV

Bojudo fradalhão de larga venta,
Abismo imundo de tabaco esturro,
Doutor na asneira, na ciência burro,
Com barba hirsuta, que no peito assenta:

No púlpito um domingo se apresenta;
Prega nas grades espantoso murro;
E acalmado do povo o grão sussurro
O dique das asneiras arrebenta.

Quatro putas mofavam de seus brados,
Não querendo que gritasse contra as modas
Um pecador dos mais desaforados:

"Não (diz uma) tu, padre, não me engodas:
Sempre me há-de lembrar por meus pecados
A noite, em que me deste nove fodas!"

Soneto XVI

Porri-potente Herói, que uma cadeira
Sustens na ponta do caralho teso,
Pondo-lhe em riba mais por contrapeso
A capa de baetão da alcoviteira:

Teu casso é como o ramo da palmeira,
Que mais se eleva, quando tem mais peso:
Se o não conservas açaimado e preso,
É capaz de foder Lisboa inteira!

Que forças tens no hórrido marsapo,
Que assestando a disforme cachamorra
Deixa conos e cus feitos num trapo!

Quem ao ver-te o tesão há não discorra
Que tu não podes ser senão Priapo,
Ou que tens um guindaste em vez de porra?

Soneto XVII

Dizem que o rei cruel do Averno imundo
Tem entre as pernas caralhaz lanceta,
Para meter do cu na aberta greta
A quem não foder bem cá neste mundo:

Tremei, humanos, deste mal profundo,
Deixai essas lições, sabida peta,
Foda-se a salvo, coma-se a punheta;
Este o prazer da vida mais jocundo:

Se pois guardar devemos castidade,
Para que nos deu Deus porras leiteiras,
Senão para foder com liberdade?

Fodam-se, pois, casadas e solteiras,
E seja isto já; que é curta a idade,
E as horas do prazer voam ligeiras.

Soneto XX

Magro, de olhos azuis, carão moreno,
Bem servido de pés, meão na altura,
Triste de face, o mesmo de figura,
Nariz alto no meio, e não pequeno:

Incapaz de assistir num só terreno,
Mais propenso ao furor do que à ternura,
Bebendo em níveas mãos por taça escura
De zelos infernais letal veneno:

Devoto incensador de mil deidades,
(Digo, de moças mil) num só momento
Inimigo de hipócritas e frades:

Eis Bocage, em quem luz algum talento:
Saíram dele mesmo estas verdades
Num dia, em que se achou cagando ao vento.

Soneto XXVII

Veio Muley-Achmet marroquino
Com duros trigos entulhar Lisboa:
Pagava bem, não houve moça boa
Que não provasse o casso adamantino:

Passou a um seminário feminino,
Dos que mais bem providos se apregoa,
Onde a um frade bem fornida ilhoa
Dava de esmola cada dia um pino:

Tinha o mouro fodido largamente,
E já basofiando com desdouro
Tratava a nação lusa de impotente!

Entra o frade, e ao ouvi-lo, como um touro
Passou tudo a caralho novamente,
E o triunfo acabou no cu do mouro.

Soneto XXXIII

Se o grão serralho de Sophi potente,
Ou de Sultão feroz, que rege a Trácia,
Mil Vênus de Geórgia, ou da Circássia
Nuas prestasse ao meu desejo ardente:

Se negros brutos, que parecem gente,
Ministros fossem de lasciva audácia,
Inda assim do ciúme a pertinácia
No peito me nutrira ardor pungente:

Erraste em produzir-me, ó Natureza,
Num país onde todos fodem tudo,
Onde leis não conhece a porra tesa!

Cioso afeto, afeto carrancudo!
Zelar moças na Europa é árdua empresa,
Entre nós ser amante é ser cornudo.

Soneto XXXVII

Fiado no fervor dá mocidade,
Que me acenava com tesões chibantes,
Consumia da vida os meus instantes
Fodendo como um bode, ou como um frade:

Quantas pediram, mas em vão, piedade
Encavadas por mim balbuciantes!
Fincado a gordos sessos alvejantes
Que hemorróidas não fiz nesta cidade!

À força de brigar fiquei mamado:
Vista ao caralho meu, que de gaiteiro
Está sobre os colhões apatetado:

Ó Númen tutelar do mijadeiro!
Levar-te-ei, se tornar ao teso estado,
Por oferenda espetado um parrameiro.

Direção editorial
Daniele Cajueiro

Editora responsável
Maria Cristina Antonio Jeronimo

Produção editorial
Adriana Torres
Daniel Borges do Nascimento

Revisão
Leonardo Vianna
Vinícius Louzada

Diagramação
Filigrana

Este livro foi impresso em 2015 para a Nova Fronteira. O papel do miolo é chambril avena 80g/m^2 e o da capa é cartão 250g/m^2